英伦风云
百件物品背后的英国皇家历史
A History of Royal Britain in 100 Objects

博物馆·往事回首

英伦风云
百件物品背后的英国皇家历史

[英] 吉尔·克纳皮特 著

丁 娜 译

中国科学技术出版社
·北 京·

图书在版编目（CIP）数据

英伦风云：百件物品背后的英国皇家历史 /（英）吉尔·克纳皮特著；丁娜译 . -- 北京：中国科学技术出版社，2023.12
（博物馆·往事回首）
ISBN 978-7-5236-0397-0

Ⅰ . ①英… Ⅱ . ①吉… ②丁… Ⅲ . ①历史文物 – 介绍 – 英国　Ⅳ . ① K885.61

中国国家版本馆 CIP 数据核字（2023）第 231743 号

著作权合同登记号：01-2023-4265

Copyright © Pitkin Publishing, 2022
Written by Gill Knappett
First published in Great Britain in 2022 by Pitkin Publishing,
An imprint of B.T. Batsford Holdings Limited,
43 Great Ormond Street, London WC1N 3HZ

本书已由 B.T. Batsford Ltd 授权中国科学技术出版社有限公司独家出版，未经出版者许可不得以任何方式抄袭、复制或节录任何部分。版权所有，侵权必究

策划编辑	王轶杰
责任编辑	王轶杰
封面设计	中文天地
正文设计	中文天地
责任校对	吕传新
责任印制	李晓霖

出　　版	中国科学技术出版社
发　　行	中国科学技术出版社有限公司发行部
地　　址	北京市海淀区中关村南大街 16 号
邮　　编	100081
发行电话	010-62173865
传　　真	010-62173081
网　　址	http://www.cspbooks.com.cn

开　　本	710mm×1000mm　1/16
字　　数	212 千字
印　　张	13.5
版　　次	2023 年 12 月第 1 版
印　　次	2023 年 12 月第 1 次印刷
印　　刷	北京瑞禾彩色印刷有限公司
书　　号	ISBN 978-7-5236-0397-0 / K · 376
定　　价	108.00 元

（凡购买本社图书，如有缺页、倒页、脱页者，本社发行部负责调换）

目录

前言 / 8～11

871—1154年

伟大君主的雕像 / 12～13

珠光宝气 / 14～15

彩插中的国王和圣徒 / 16～17

玻璃窗中的加冕 / 18～19

殉道者爱德华的石碑 / 20～21

中世纪的编年史 / 22～23

埃塞克斯的村标志 / 24～25

盎格鲁-撒克逊统治者的停尸柜 / 26～27

王国的硬币 / 28～29

"不惮辛劳不惮烦……" / 30～31

虔诚国王的神龛 / 32～33

玻璃窗中的荣誉：王后与圣徒 / 34～35

国王的战斗石 / 36～37

征服者的加冕仪式 / 38～39

十一世纪的调查 / 40～41

征服者的城堡 / 42～43

新森林纪念碑 / 44～45

皇家批准印章 / 46～47

国王、雄鹿和修道院的建立 / 48～49

城堡、监狱……逃亡 / 50～51

1154—1485年

一位国王的忏悔 / 52～53

皇家纹章上的狮子 / 54～55

《大宪章》/ 56～57

威尔士亲王的雕像 / 58～59

里奥谢思利手稿 / 60～61

圣殿骑士团墓室 / 62～63

威尔士第一亲王的出生地 / 64～65

王后的十字架 / 66～67

斯昆的历史石 / 68～69

苏格兰英雄的雕像 / 70～71

布鲁斯的著名战役 / 72～73

被谋杀的国王之墓 / 74～75

嘉德骑士团的旗帜 / 76～77

一位入侵爱尔兰的国王 / 78～79

威斯敏斯特宫的古老遗产 / 80～81

一对皇室夫妇永远安息 / 82～83

纪念威尔士传奇王子 / 84～85

英格兰在阿金库尔的胜利 / 86～87

莎士比亚的英雄人物哈尔王子 / 88～89

国王学院的皇家纹章 / 90～91

大教堂图书馆的彩插手稿 / 92～93

流亡国王的来信 / 94～95

塔中王子 / 96～97

驼背国王的坟墓 / 98～99

悲剧的扉页 / 100～101

1485—1688年

纪念博斯沃思战役 / 102～103

玫瑰窗 / 104～105

苏格兰国王纪念碑 / 106～107

金帛盛会 / 108～109

六位妻子中的第一位 / 110～111

斯图亚特国王的喷泉 / 112～113

苏格兰王冠 / 114～115

悲剧女王的最后一封信 / 116～117

王室肖像 / 118～119

死难者纪念碑 / 120～121

王室夫妇银币 / 122～123

童贞女王的微型画像 / 124～125

战胜西班牙无敌舰队 / 126～127

联合王国国旗 / 128～129

格林尼治女王宫的郁金香楼梯 / 130～131

鲁本斯的天花板 / 132～133

国王的死刑令 / 134～135

加冕椅 / 136～137

浩劫中幸存的王位宝器 / 138～139

国王的藏身之处 / 140～141

圣爱德华王冠 / 142～143

博因河之战 / 144～145

1689—1910年

国王的风向刻度盘 / 146～147

令人费解的迷宫 / 148～149

戴着镀金王冠的女王 / 150～151

巴斯勋章 / 152～153

德廷根战役 / 154～155

越过海洋去斯凯岛…… / 156～157

白金汉宫 / 158～159

海边宫殿的尖塔 / 160～161

不舒适的金马车 / 162～163

新伦敦桥海报 / 164～165

世界上第一张邮票 / 166～167

皇家公主受洗仪式 / 168～169

皇家沐浴机 / 170～171

挚爱纪念碑 / 172～173

国家朗道 / 174～175

1910年至今

第一次世界大战后的信件 / 176～177

国王送给王后的礼物 / 178～179

历史性广播的照片 / 180～181

一张照片，一位女王，三位未来的国王 / 182～183

退位诏书 / 184～185

加冕纪念品 / 186～187

国民卫队的国王勋章 / 188～189

宫廷阳台上的传统 / 190～191

王室出生公告 / 192～193

加冕礼服 / 194～195

王室密码 / 196～197

濯足节救济金 / 198～199

红色递送箱 / 200～201

英联邦邮票 / 202～203

皇家旗帜 / 204～205

皇家授权：威尔士亲王的徽章 / 206～207

北爱尔兰城堡的国王画像 / 208～209

来自未来国王的订婚戒指 / 210～211

索引 / 212

英国历代统治者索引 / 215

鸣谢 / 216

参考书目 / 216

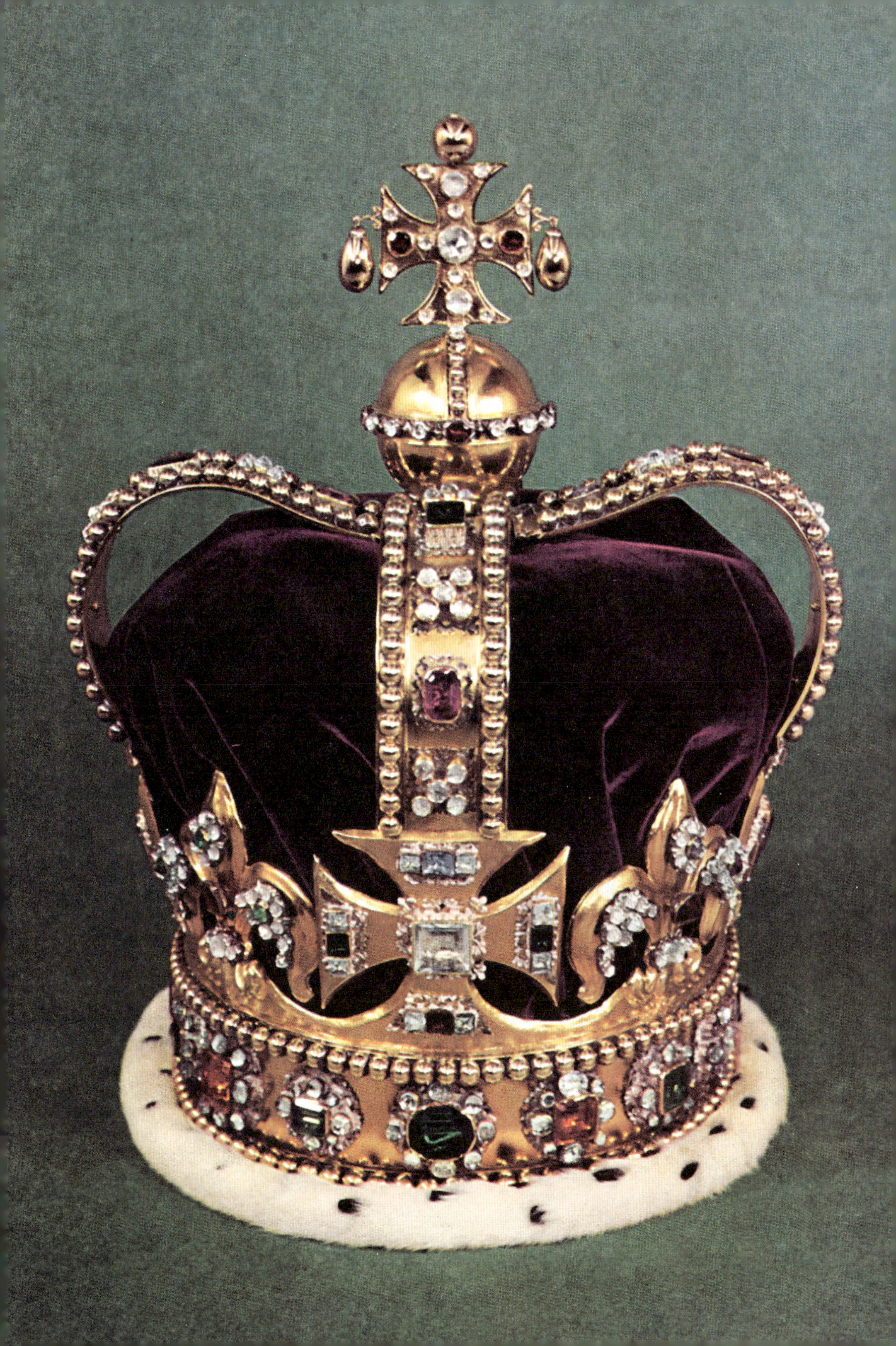

前　言

《英伦风云：百件物品背后的英国皇家历史》的视觉时间轴从9世纪的阿尔弗雷德大帝开始，穿越至21世纪和伊丽莎白二世统治时期。但如何仅凭100件物品来讲述这个始于1150年前的历史故事呢？什么最能代表曾经在位的国王和女王？又是什么构成了一件物品？

一言以蔽之，选择这100件物品并非易事。提到王室，人们的脑海中会立即浮现出王冠、雕像和硬币这些物品，毫无疑问你会在本书中看到它们。然而，像金色的马车、城堡、油画、旗帜、信件、珠宝……还有许多物品，哪怕是偶然拍摄的照片都能为你讲述引人入胜的王室故事。

英国皇家历史可以追溯至阿尔弗雷德大帝统治之前的更早时期，那时罗马人已经离开岛屿，勇士首领们统治着小王国。5—6世纪的英格兰和威尔士由凯尔特人/罗马时期不列颠人和盎格鲁-撒克逊人融合而成，大约在同一时期建立的苏格兰王国则是皮克特人、苏格兰人、不列颠人和盎格鲁人之间部落斗争的产物。

在历史悠久的王室族谱中，那些作为苏格兰国王和王后或威尔士亲王的统治者，各司其职，使错综复杂的分支变得更加强大。1284年，公国并入英国王室；自1603年起，苏格兰王室与英格兰王室合并，此后由一位君主统治；1707年通过《联合法案》，成立大不列颠王国；1800年通过《联合法案》，增

图为苏格兰国王詹姆斯六世/英格兰国王詹姆斯一世，一件17世纪早期的油画作品，据传由约翰·克里兹（1552—1642）所作。

加爱尔兰王国，成立大不列颠及爱尔兰联合王国。按照英格兰的制度，给君主"编号"已经成为一种习惯，例如女王伊丽莎白二世在苏格兰被称为女王伊丽莎白一世。

在历史的车轮下，君主的角色发生了巨大的变化。虽然随着时间的推移，王室的权力可能会削弱，但其象征性的威严在19世纪和20世纪通过大英帝国和英联邦国家得以延展。

从盎格鲁-撒克逊人的国王阿尔弗雷德大帝到诺曼王朝和金雀花王朝，再到都铎王朝、斯图亚特王朝和奥兰治王朝；从汉诺威家族、萨克森-科堡家族和哥达家族，直到温莎家族和伊丽莎白二世，总共有57位君主。在他们当中，有深受爱戴的，也有令人厌恶的；有英雄，也有恶棍；有殉道者，也有杀人犯；有意气风发的，也有到处流亡的；有智慧的，也有愚蠢的。无论好与坏，每个角色都在他们的王国和臣民身上留下了自己的烙印。

多年来，君主们的配偶给予了他们不同程度的支持，而这些配偶的角色往往是通过政治联姻获得的。这种结合有些非常成功，有些则是灾难性的，但也有许多国王和王后为爱而步入婚姻，当然还有少数君主根本就没有结婚。不少君主的配偶留下的遗产不容小觑，可以说在某种程度上与他们的另一半的遗产同样强大。在本书的百件物品中，以自

图为乔治三世，在位近60年。乔治三世这幅身穿加冕服的油画出自艾伦·拉姆塞（1713—1784）之手，悬挂于白金汉宫的绿色会客厅。

身实力让人们记住的君主配偶有苏格兰马尔科姆三世的妻子——威塞克斯的玛格丽特、爱德华一世的王后——卡斯蒂利亚的埃莉诺、亨利八世六任妻子中的第一任——阿拉贡的凯瑟琳，以及维多利亚女王心爱的阿尔伯特亲王。

在漫长的王位继承过程中，有些统治者在成为君主时还只是个婴儿，而有些则是在年迈之时；有些在位不超过几个月，而有些则统治几十年。尽管苏格兰的威廉一世在位接近49年，但仍有六位君主在位时间超过50年，这六位是亨利三世、爱德华三世、苏格兰的詹

1937年，温莎公爵和夫人在法国。在这之前，爱德华八世放弃王位，迎娶了沃利斯·辛普森夫人。

姆斯六世/英格兰的詹姆斯一世、乔治三世、维多利亚女王和伊丽莎白二世。乔治三世在位59年零3个月，而维多利亚一世和伊丽莎白二世都活到了庆祝自己的钻石禧年之时。伊丽莎白二世还是第一个达到白金禧年里程碑之人——在位70年。

历代英国君主中有的几乎不会讲英语，有的一生没怎么在自己的王国待过，有的则是迫不及待地抵达伦敦继承王位，比如苏格兰的詹姆斯六世/英格兰的詹姆斯一世等；有的篡夺了王位，如理查三世；有的在战场上赢得了王位，如亨利七世。查理一世不仅丢了皇冠，还丢了脑袋；少年国王爱德华五世从未拥有过王位；爱德华八世为了心爱的女人拒绝了王位；乔治六世在盛大壮观的加冕仪式上不情愿地戴上了王冠。

几个世纪以来，君主制的权力、功能和职责随着时代的发展而变化。

关于继承的规则也是如此。军事领导力曾是王权的一个重要组成部分，这使得王位由父系血缘关系进行继承，或者像中世纪早期的苏格兰那样传给国王最尊敬的亲属。今天的王位继承顺序是基于每个人的王位顺位，不仅受血统的束缚，还受议会法规的约束。继承的理由根据1689年颁布的《权利法案》和1701年颁布的《嗣位法》来确定。21世纪，儿子始终是王位的第一继承人，只有当君主没有在世的儿子或没有亲孙子时，王位才会由女儿继承。然而，2013年出台的《王位继承法》进行了改变：2011年10月28日以后出生的王室女性在继承顺序上不能被王室男性所取代。这一规定适用的第一代是剑桥公爵（威廉王子）和公爵夫人（凯特王妃）的子女。他们的第一个孩子是个儿子：乔治王子，他是王位的第三顺位继承人。第二个孩子——夏洛特公主，现在是第四顺位继承人，在以前她会被自己的弟弟所取代，而今路易斯作为第三个孩子排在第五顺位。

2013年的法案还取消了与罗马天主教徒结婚的人被剥夺继承王位资格的规定，但罗马天主教徒仍然被排除在继承王位之外。当然，几个世纪以来，教会一直是英国王室历史上的热门话题，有些时期国家几乎被宗教（实质是政治）分裂的战场所左右。

经历了几个世纪的战争和流血：饱受战争蹂躏的中世纪王国和苏格兰独立战争、英法百年战争、玫瑰战争、17世纪英国内战、20世纪两次世界大战，君主制最终幸存下来。

除了战争，君主还经历了许多改变生活的事件：大瘟疫和大火灾、革命和改革、经济和宪法变革。一些统治者见证了英国在探索、调整、创新和成就中成长。所有这些甚至更多，都在这个国家和人民的历史上留下了印记。

世界风云变幻，君主制也必须随之改变。为了长久存续下去，仅凭血统是不够的，君主制须证明自身具有与时俱进的能力——这涉及努力工作、赢得尊重，以及保留古老的传统，而这些传统仍能撞击人的心灵，震慑人的灵魂，激发人的想象。

现代的君主制越来越多地受到媒体的关注。伊丽莎白二世所处的时代，政治转变、文化变迁和科技进步日新月异。女王在90多岁的时候，仍然履行着繁忙而艰巨的职责，从而得到了王室直系高级成员的支持，特别是威尔士亲王和康沃尔公爵夫人、剑桥公爵及夫人、皇家公主，以及威塞克斯伯爵和伯爵夫人的支持。

女王的法定继承人查尔斯三世，关注地球环境及人类发展问题，他的同情心和责任感使大家备受鼓舞，对未来充满信心。他的儿子威廉王子将在恰当的时候继位。他们是英国国家结构中的强大主线，也是英国君主制延续的重要纽带。

2021年6月，伊丽莎白二世与威尔士亲王、康沃尔公爵夫人以及剑桥公爵夫妇出席七国集团峰会，图中显示的是康沃尔郡的伊甸园项目。

伟大君主的雕像

阿尔弗雷德（871—899年在位）

在温彻斯特市，矗立着一尊阿尔弗雷德大帝的精美雕像。威塞克斯的阿尔弗雷德——威塞克斯国王埃塞尔沃夫（839—856年在位）的儿子、威塞克斯国王埃塞尔伯特（802—839年在位）的孙子，他是所有盎格鲁-撒克逊君主中杰出的，也是唯一一位拥有"伟大"头衔的统治者。

威塞克斯王国在9世纪初崛起，当维京人蹂躏东安格利亚并入侵诺森布里亚和麦西亚时，威塞克斯坚持了下来，顽强地抵抗北欧人的进攻，帮助罗德里·莫尔（844—878年在位）的威尔士圭内斯王国和肯尼斯·麦克阿尔平（843—859年在位）的苏格兰团结起来，一致对外。

阿尔弗雷德从他哥哥埃塞尔巴德、埃塞尔伯特和埃塞尔雷德一世那里学会了外交艺术和作战技巧，在他之前他们均当过威塞克斯国王。他登上王位时面临着维京人的入侵，878年初，在遭受一次突然袭击后，他被迫躲在萨默塞特郡阿瑟尔尼附近的沼泽地里。阿尔弗雷德烧蛋糕的传说就是从这里诞生的。一位当地的妇女以为他是一名士兵，为他提供了躲避敌人的庇护所，她让他负责照看正在火上烤的蛋糕，而她则去做其他家务。但他因分心而把蛋糕烧焦了，国王被女人骂了一顿。

同年晚些时候，阿尔弗雷德在威尔特郡的爱丁顿战役中击败了丹麦人。因此，国王要求丹麦首领古瑟伦接受基督教信仰的洗礼。随后签订的《阿尔弗雷德条约》和《古瑟伦条约》确定了两国领土的边界以及两国人民之间的和平共处关系，被视为丹麦法的基础。阿尔弗雷德继续从丹麦人手中夺回伦敦，并重新组建了王国的防御。890年当维京人再次袭击时，威塞克斯做好了准备，并在897年将丹麦人击败。

阿尔弗雷德把温彻斯特定为王国的首都。因此，为了纪念他去世1000周年，1899年他的雕像建成，成了这座城市的地标性建筑，它坐落在百老汇大街上，靠近中世纪东门的旧址。这尊5米高的青铜雕像矗立在两个花岗岩底座上，上面刻有简单的"阿尔弗雷德"字样，是雕塑家哈莫·克罗夫特爵士（1850—1925）的作品。它于1901年揭幕，比原计划晚了两年，揭幕当天成为盛大的庆祝日并被定为公共假日。

阿尔弗雷德国王骄傲地站着，他的盾牌是防御的象征，他举起剑，剑刃朝下，彰显着他在战场上的伟大，也象征着基督徒的十字架。

阿尔弗雷德大帝的雕像俯瞰英格兰的古都——温彻斯特。

珠光宝气

阿尔弗雷德（871—899 年在位）

阿尔弗雷德珠宝是迄今为止发现的最重要的古代王室文物之一。这件泪滴形状的作品边缘刻有"阿尔弗雷德定制了我"（"AELFRED MEC HEHT GEWYCAN"）的字样。1693 年，它在萨默塞特郡的一块田地里被翻耕发现，该田地离阿塞尔尼不远，878 年阿尔弗雷德大帝曾在那里躲避维京人。

阿尔弗雷德国王无疑是一位优秀的领袖——一位勇敢的战士，他关心臣民的福祉，相信公平的法律、正义和教育。他下令编纂《盎格鲁－撒克逊编年史》，这是一部重要的英国历史文献，直到 12 世纪中叶后人都在不断补充。

阿尔弗雷德还命人将宗教文本从拉丁语翻译成古英语，人们认为阿尔弗雷德的宝石很可能是一种阅读指针（类似一种小矛，它和犹太教堂阅读《摩西五经》的指针棒非常相似，所以推测也是用于阅读手稿的工具，译者注），它可以用来帮助读者跟随文字阅读。记录显示，在阿尔弗雷德的命令下，教皇格里高利一世的《教牧关怀》（大约于 890 年写成）被翻译并分发给英格兰各地的修道院，每本书都配有一个阅读指针。

阿尔弗雷德珠宝的金工工艺如此复杂，它由水晶制成，并用珐琅和黄金装饰，据说是一位工匠大师的作品。这件作品的底部类似一个龙头；它的嘴叼着指针的棍子，很可能是象牙材质。掐丝珐琅的人物形象最初被认为描绘的是基督或圣卡斯伯特。然而，最新的一种说法是，它代表了五种感官之一，即视觉，因为大英博物馆的一枚胸针上刻着所有的感官，上面画着一个人拿着植物（代表视觉，译者注），就像这件阿尔弗雷德珠宝一样。它代表视觉的想法与它被用作阅读辅助工具有关。

1718 年，阿尔弗雷德珠宝被赠予牛津大学的阿什莫尔博物馆，至今仍是该馆最珍贵的宝物之一。

阿尔弗雷德国王本人的遗体至今下落不明。当阿尔弗雷德大帝于 899 年去世时，他的遗体首先被埋葬在温彻斯特的盎格鲁－撒克逊老教堂，该教堂位于现在大教堂的北部。他的遗体后来被移到了新明斯特，但当一个新的诺曼大教堂（今天宏伟的温彻斯特大教堂的基础）开始建造时，新明斯特的修道士们被转移到了温彻斯特城墙外的海德新修道院。他们带走了新明斯特的珍宝和遗物，包括皇家陵墓。16 世纪，修道院解散，海德修道院被拆除了。当时的一位编年史作者这样记录：阿尔弗雷德和其他国王的遗骨"躺在高高的祭坛前的棺材里"。18世纪，人们在海德修道院的遗址上建造了一座监狱，并发掘了一些坟墓。19世纪60年代，一位名叫约翰·梅洛的古文物收藏家声称挖掘出王室的遗骨，并将其卖给了海德的圣巴塞洛缪教堂，那里的教区牧师将遗骨重新安葬在一个没有标记的坟墓中。2013年，这些骨头被挖掘出来；温彻斯特大学的考古学家发现它们的年代可以追溯至1100—1500年，所以不是阿尔弗雷德国王的骨头。然而，人们对此非常感兴趣，以至于在2014年仍在对20世纪90年代发现的骨头进行着调查；一块男性盆骨的年代被确定为895—1017年。虽然阿尔弗雷德大帝是这块男性盆骨的候选者之一，但我们可能永远无法对此确定。

阿尔弗雷德珠宝，牛津阿什莫林博物馆最珍贵、最受欢迎的展品之一。

珠光宝气 **15**

尊者比德的《卡斯伯特的生活》中的一幅插图，描绘了埃塞尔斯坦国王向圣卡斯伯特赠送一本书的情景。

彩插中的国王和圣徒

埃塞尔斯坦（924—939年在位）

历史学家认为埃塞尔斯坦是英格兰的第一任国王，他是阿尔弗雷德大帝的孙子、长者爱德华（899—924年在位）的儿子。长者爱德华是一位坚定的战士，他的妹妹埃塞尔弗莱德在丈夫去世后一直统治着麦西亚，直到她本人于918年去世。兄妹二人给维京人造成一系列的失败。

据说，埃塞尔斯坦从未打过败仗，他赢得了"光荣的埃塞尔斯坦"的称号。他在位期间，威塞克斯王室达到鼎盛。937年，他的军队在布鲁南堡战役中击溃了苏格兰、威尔士和爱尔兰的联军。这是在英国发生的最血腥的战役之一。《盎格鲁-撒克逊编年史》记载，"在这个岛屿上，没有比这规模更大的屠杀了"，结果是"五位国王躺在了战场上，正值青春年华，被剑刺穿心脏"。

埃塞尔斯坦在位15年，颁布了一系列宪章，加强了王室对王国的控制；改革了法律，使司法系统更加公平；继续完成他父亲的工作，在贸易集中的地方建立了坚固而设防的定居点，以保障城镇的生活；他对货币进行监管，控制白银的重量，惩罚欺诈者。

埃塞尔斯坦通过将他的异母姐妹与外国统治者联姻——一个嫁给了神圣罗马帝国皇帝奥托一世，一个嫁给了法兰克人的统治者休-卡佩，还有一个嫁给了勃艮第的康拉德，与外国结盟。作为一位艺术品收藏家、宗教文物的收藏家，他将一些藏品赠送给威尔特郡的马尔梅斯伯里修道院。939年，埃塞尔斯坦在权力鼎盛时期去世，安葬在马尔姆斯伯里镇，但确切位置不详。如今修道院里有一座15世纪时为他建造的陵墓，但里面是空的；镇上有一座博物馆，是以他的名字命名的。

虔诚的埃塞尔斯坦一直推崇圣卡斯伯特。圣卡斯伯特与诺森布里亚海岸圣岛上的林迪斯法恩修道院关系密切，687年他去世时被葬在那里。但在793年维京人发动袭击后，修道士们带着他的棺材和遗物离开了，最终在切斯特勒街定居。埃塞尔斯坦特别委托向修道士们赠送了一本尊者比德创作的《卡斯伯特的一生》。书中有一幅埃塞尔斯坦向卡斯伯特赠送这本书的肖像画，据说这是现存最早的英国国王肖像。

研究认为，埃塞尔斯坦是第一个被描绘在硬币和彩绘手稿中戴着金冠的英国国王——正如他在插图中的样子。

玻璃窗中的加冕

埃德加（959—975年在位）

埃塞尔斯坦在939年去世后，埃德蒙（939—946年在位）、埃德雷德（946—955年在位）和埃德威（955—959年在位）相继继位。埃德威死后，他的弟弟埃德加成了威塞克斯国王，当时埃德加还只是个孩子，但已经统治着麦西亚和诺森布里亚。

据说，959年埃德加在英格兰东南部的金斯敦加冕时只有14岁左右。他被戏称为"和平者"，见证了撒克逊在艺术和学术方面达到顶峰的成就；英国教会的三位伟大人物——坎特伯雷的邓斯坦、约克的奥斯瓦尔德和阿宾顿的埃塞尔沃尔德，对修道院进行了全面改革。埃德加在温彻斯特的宫廷是全欧洲最受赞叹的宫廷之一。

973年，随着王国日趋稳定以及他的地位备受尊崇，埃德加举行了第二次加冕仪式，这一次的仪式非常盛大。该活动于圣灵降临节在萨默塞特郡的巴斯举行，而且被描绘在巴斯修道院美丽的彩色玻璃窗上，这也是关于全英格兰国王加冕仪式的最早记载。该仪式是由坎特伯雷大主教邓斯坦编制的，并成为此后每次加冕仪式的基础。类似仪式包括为埃德加的妻子埃尔夫特里斯（又称埃尔弗里达）加冕为王后，这为未来的王后加冕开创了先例。

在巴斯加冕后，埃德加向北进军切斯特，大不列颠的其他国王聚集于此。据说，六位威尔士和苏格兰国王在迪伊河沿岸为他划着一艘驳船，以示效忠。

巴斯修道院最初是一座本笃会修道院，始建于7世纪，在随后的几个世纪里进行了重组和重建。1499年，奥利弗·金主教下令建造一座新教堂，这就是今天的修道院的开端。但在亨利八世上台后，下令遣散所有修道院，1539年巴斯修道院被解散，僧侣们也被迫离开。

1560年，这座年久失修的建筑被交予所在市作教区教堂使用。1574年，伊丽莎白一世批准了一项全国筹款计划，以修复修道院，修复工作于1620年完成。1863年，乔治·吉尔伯特·斯科特开始对修道院进行大规模修复，以保护这座宏伟的建筑。

埃德加之窗，只是巴斯修道院辉煌的彩色玻璃窗画中的一块。1604—1953年，总共有52块，它们为这座大教堂赢得了"西方明灯"的美誉，而这座教堂的官方名称是圣彼得和圣保罗修道院教堂。

巴斯修道院的埃德加之窗建于1949年。它由英国彩色玻璃艺术家爱德华·伍尔设计，由布里斯托尔的彩色玻璃制造商约瑟夫·贝尔父子公司制造。

玻璃窗中的加冕

一块石碑，纪念爱德华国王于978年在考夫城堡遇刺1000周年。

殉道者爱德华的石碑

殉道者爱德华（975—978 年在位）

1978 年，为纪念爱德华逝世 1000 周年，一块被称为"殉道者爱德华"的国王纪念石碑在多塞特郡的科夫城堡揭幕。

爱德华在 13 岁左右继承了他的父亲埃德加的王位，埃德加在 30 多岁时早逝，王国陷入动荡。据了解，埃德加原本打算让他的小儿子埃塞尔雷德——他和第二任（也许是第三任）妻子埃尔夫特里斯所生，继承王位，但埃塞尔雷德当时只有 7 岁。尽管爱德华可能是私生子，但他得到了坎特伯雷大主教邓斯坦和约克大主教奥斯瓦尔德的支持而被加冕为国王。然而，爱德华成了他那野心勃勃的继母的眼中钉。1864 年《钱伯斯日记》中的一篇报道记录了他的死亡过程：

978 年 3 月 18 日，爱德华国王在多塞特的森林里打猎，也许因为口渴，也许因为想看看他同父异母的弟弟埃塞尔雷德，他对弟弟有着孩童间的情感依恋，于是他离开随从，独自骑马去看望继母和弟弟。埃尔夫特里斯热情地接待了他，由于他不愿意下马，她亲手把杯子递给了他。当他正在饮用的时候，王后的一个随从奉她之命用匕首刺死了爱德华……第二天，他的尸体被埃尔夫特里斯下令扔进了邻近的沼泽池。

起初，国王的遗体被安放在韦勒姆附近的一座坟墓里，一年后被移到沙夫茨伯里修道院举行葬礼。1001 年，又被移至修道院的一个显要位置，因为遗体奇迹般地完好无损，他被尊称为"殉道者爱德华"。在修道院解散期间，他的遗骨被藏了起来。1931 年，人们在废墟中发现了疑似爱德华的遗骨，并移至萨里郡圣爱德华殉道者东正教教堂。

今天的科夫城堡可以追溯到 11 世纪威廉一世统治时期，在随后的几个世纪里，它的结构发生了变化，包括 12 世纪为亨利一世建造的 21 米高的珀贝克石堡。耸立在 55 米高的山顶上，几千米外都能看到它。它一直为皇家所有，直到伊丽莎白一世在 1572 年将城堡出售。自 1635 年，它为查理一世的总检察长约翰·班克斯爵士所有。在英国内战期间，城堡被围困了两次，议会法案导致它被拆除。1981 年，班克斯家族将城堡的遗迹和科夫村的大部分地区遗赠给了英国国家信托基金会。

中世纪的编年史

埃塞尔雷德二世（978—1016年在位）

这幅来自《阿宾顿编年史》的插图描绘了无能的埃塞尔雷德二世，他是埃德加的小儿子，在同父异母的兄长"殉道者爱德华"去世后登上了王位。

人们认为《阿宾顿编年史》的古代著作指的是《盎格鲁-撒克逊编年史》（始于阿尔弗雷德大帝统治时期）或《阿宾顿教会史》（有时称为《阿宾顿修道院编年史》）。这部中世纪编年史写于12世纪的阿宾顿修道院（最初位于伯克郡，现在位于牛津郡），历史学家认为它借鉴了《盎格鲁-撒克逊编年史》。

《盎格鲁-撒克逊编年史》的大部分材料以年鉴的形式出现，最早的条目可追溯到公元前60年。现存的九份手稿中有七份保存在大英图书馆；另外两份，一份在牛津大学的博德利图书馆，另一份在剑桥大学科珀斯·克里斯蒂学院的帕克图书馆。大英图书馆的两份手稿是11世纪编纂的，正是这些手稿与《阿宾顿编年史》建立起联系。

书中对埃塞尔雷德二世、其子埃德蒙·艾恩赛德（1016年在位）和克努特统治早期（1016—1035年）进行了令人信服的描述。该记载将埃塞尔雷德二世置于不利的地位。事实上，他被称为"邪恶顾问（Ethelred Unraed）"，Ethelred来自古英语，意思是"高尚顾问"，而Unraed表示"不受约束"或"邪恶顾问/阴谋诡计"，这个绰号可能是指他在谋杀"殉道者爱德华"后获得王位。

随着时间的推移，他的绰号"邪恶顾问（Unraed）"演变为"未准备好（Unready）"，这反映出他无力抵御维京人的进攻。《盎格鲁-撒克逊编年史》怒不可遏地揭露了他的无能、懦弱和背信弃义。

不断的失败使得埃塞尔雷德二世臭名远扬，维京人察觉到他软弱无能，于是开始了一系列新的袭击，其中之一是991年的马尔登战役。埃塞尔雷德二世最终决定用丹麦货币和土地来收买掠夺者。但当计划失败后，他下令在1002年11月13日，即圣布莱斯日，屠杀所有英格兰境内的丹麦人，因此这一事件被命名为"圣布莱斯日大屠杀"。

1013年，丹麦国王斯万再一次向英格兰派遣了一支维京军队，埃塞尔雷德二世逃往诺曼底；1014年斯万死后，他回到英格兰，但斯万之子克努特再次入侵；1016年他去世后，其子埃德蒙·艾恩赛德应对克努特的入侵。

《阿宾顿编年史》彩插手稿中的邪恶顾问埃塞尔雷德二世。

中世纪的编年史 23

阿辛顿村的标志反映了1016年的阿辛顿战役和1020年建造的阿辛顿教堂。

埃塞克斯的村标志

埃德蒙·艾恩赛德（1016年在位）

埃塞克斯郡阿辛顿村的标志反映了1016年埃塞尔雷德二世的儿子、王位继任者埃德蒙·艾恩赛德与丹麦人之间的一场大战。

埃德蒙继承王位时只有22岁，他鄙视他的父亲，在父亲死后开始了一场对丹麦入侵者的旋风般的战役。这位年轻的勇士在埃塞尔雷德二世失败的地方取得了成功，他在战场上的英勇表现为他赢得了"刚勇王"的雅号。他在几个月内将维京人赶出了英格兰南部，但第五次也是最后一次战役——发生在1016年10月18日的阿辛顿战役（又称阿桑顿战役），却让他功亏一篑。

埃德蒙的军队驻扎在阿辛顿山，丹麦王子克努特的军队驻扎在约三千米外的卡纽顿。这场战役是一场大规模的屠杀，英国人战败了。这在很大程度上是麦西亚伯爵埃德里克的叛国所导致的，他不仅是埃塞尔雷德二世的主要顾问，而且还娶了埃塞尔雷德二世的一个女儿为妻，因此，埃德蒙觉得不能抛弃他。《盎格鲁-撒克逊编年史》讲述了埃德里克"背叛了他的国家和所有英格兰人民"，结果是"英格兰种族的所有贵族全部被灭绝"。11世纪宫廷诗人奥塔尔·斯瓦特创作的一首挪威诗《克努特大帝》，其中提到了克努特王子：

在阿辛顿，您表现出色，
盾牌之战，勇士之王，
褐色肉体，献给血鸟。
在这场屠杀中，您胜利了，
陛下，用您的剑，
在丹麦森林北部，
名声大噪。

埃德蒙和克努特同意休战，但几周后，即11月30日，埃德蒙在牛津去世。他是一位在位仅八个月的国王。

尽管对战役地点存在一些争议（有人认为战役发生在埃塞克斯郡的阿辛顿），但在1020年克努特建造了一座教堂，即阿辛顿教堂，以纪念四年前在冲突中丧生的人。教堂的第一位牧师是斯蒂甘德，他后来成为坎特伯雷大主教。

阿辛顿教堂现在被称为圣安德鲁教堂，目前的大部分建筑可以追溯到14世纪。悬挂于教堂内的丹麦国旗，以及悬挂在天花板上的维京长船模型，都是丹麦乔治王子赠送的礼物，他曾于1951年访问教堂，来纪念阿辛顿战役。

盎格鲁－撒克逊统治者的停尸柜

克努特（1016—1035年在位）

在汉普郡温彻斯特大教堂的长老院的屏幕墙上方顶端，放着六个装饰精美的木箱子，上面有王冠。这些是停尸箱，里面有诺曼征服前的主教和君主的遗体，包括克努特国王的遗体。

近年来，人们对其中的遗骨进行了考古分析，为了从中确定他们的日期和身份。而后在温彻斯特大教堂"国王与文书"的展览中对遗骨进行展示，这个展览讲述了威塞克斯王朝的复杂历史。

几个世纪以来，这些骨头一直引起人们的兴趣。有一段时间，他们是混在一起的，正如一位编年史学家所说，"国王和主教混在一起，主教和国王混在一起"。这事可以追溯至他们被从温彻斯特的盎格鲁－撒克逊老教堂的原始墓地移走，最终被安置在新的诺曼大教堂的内衬铅皮的棺材中。当理查德·福克斯担任温彻斯特主教（1501—1528年）时，他为古代遗物安置了新的停尸箱。

1642年，英国内战开始时，国会议员洗劫了这座大教堂，进一步的混乱发生。在最初的十个停尸箱中，有六个被砸碎；如今，其中四个是16世纪的原物，两个是1661年的复制品。

箱子上刻有铭文，说明里面是谁的骨头，但很明显，这些铭文与实际内容无关——据说箱子里还有其他人的名字，这只能从古物学家的著作中得知。除了诺曼国王威廉二世（威廉·鲁弗斯，1087—1100年在位），刻在箱子上的国王的名字均是盎格鲁－撒克逊统治者的：威塞克斯（第一位基督教国王，611—642年在位）；基涅武甫（757—786年在位）；埃格伯特（802—839年在位）；埃塞尔伍尔夫（839—856年在位）；埃德雷德（946—955年在位）；埃德威格（955—959年在位）；埃德蒙二世（埃德蒙·艾恩赛德，1016年短暂在位）；克努特（1016—1035年在位）；哈塔克努特（1040—1042年在位）。

丹麦人斯万之子克努特于1016年登上了英国王位，当时威塞克斯王室没有任何可与之抗衡的有力对手。英国议会和维京人的军队都期待着克努特来领导，他的臣民也想要领袖与和平。这位虔诚的教会之子没有让人失望，他处决

温彻斯特大教堂长老院的一个停尸柜。

了不满的人——不仅包括一些贵族，还有背信弃义的麦西亚伯爵埃德里克；征收了赋税；补偿了丹麦军队；还采取了一个精明的措施——允许英国伯爵管理他们自己的土地。1017年，克努特娶了诺曼底的艾玛——埃塞尔雷德二世的遗孀。10世纪20年代，他成为丹麦、挪威、英格兰的国王以及苏格兰的霸主。

艾玛王后是克努特的第二任妻子。他的第一任妻子，来自北安普顿的埃尔弗吉福为他生了两个儿子，最小的儿子哈罗德一世（又名哈罗德·哈福特，1035—1040年在位）。艾玛还是后来的国王哈塔克努特（克努特的儿子）和忏悔者爱德华（她和第一任丈夫埃塞尔雷德二世的儿子）的母亲。

在温彻斯特大教堂的停尸柜上也出现了诺曼底的艾玛的名字，她的遗骨是21世纪考古调查中唯一被确认的女性骨骸。在"国王与文书"的展览中，她的遗体的复制品被陈列在一个玻璃柜中。

盎格鲁-撒克逊统治者的停尸柜

王国的硬币

哈罗德一世（1035—1040年在位）和哈塔克努特（1040—1042年在位）

广受爱戴的国王克努特统治了19年，在此期间，他用事实证明自己并不能呼风唤雨，且斥责那些对他阿谀奉承的臣民。他原本打算让他最小的儿子哈塔克努特来继承王位，但当他去世时，这个年轻人正在丹麦。在哈塔克努特不在的情况下，克努特的另一个儿子哈罗德·哈福特以"哈罗德"的名号称王。

然而，哈罗德充满争议的统治并没有令民众感到幸福。1036年，他的继母的另一个儿子阿尔弗雷德·埃德尔英（埃塞尔雷德二世和诺曼底的艾玛的儿子）在诺曼底被流放后返回英国。在国王的命令下，不幸的阿尔弗雷德在抵达英国时被威塞克斯伯爵戈德温抓获，戈德温在克努特统治时期掌权。阿尔弗雷德被带到伊利的一所修道院，途中被残忍地弄瞎了双眼，不久他因伤势过重而死亡。第二年，哈罗德国王将他野心勃勃的继母艾玛流放到佛兰德斯。

1040年哈罗德去世后无人哀悼，哈塔克努特终于登上王位，但他也不受爱戴。他甚至把哈罗德的尸体从威斯敏斯特的圣彼得大教堂移出，斩首后扔进泰晤士河的沼泽地里。遗体被渔民们打捞上来，随后被重新安葬在略远的丹麦圣克莱蒙教堂。

哈罗德·哈福特和哈塔克努特的硬币是11世纪生产的典型硬币。最早的盎格鲁-撒克逊硬币，大约在625年问世，是用黄金制成的先令。50年后，它们被银便士所取代。有时，这些硬币上刻有造币商（允许铸造钱币的人）的名字，偶尔也刻有国王的名字。

760年，一种新型银便士问世。这种便士比早期的硬币更薄，现在这种硬币印有君主和造币商名字的现象非常普遍。在9世纪，王室和政府都加强了对硬币生产的控制，不同造币商的设计也变得标准化。

今天的皇家造币厂的历史可以追溯至盎格鲁-撒克逊时代的伦敦小作坊，哈罗德和哈塔克努特的硬币就是在那里制造出来的。直到1279年，伦敦塔内才出现了唯一一家造币工厂，这座堡垒作为皇家造币厂持续了500多年，到了1812年在塔山附近建造了一座新的造币厂，又维持了150年。1971年英国改用十进制货币，需要一个更大的场地来生产硬币，所以在1968年，一所新的皇家造币厂在南威尔士的兰特里桑特正式开业。

实际尺寸

两位英国国王的银币，哈罗德一世（上图）和哈塔克努特（下图）。

王国的硬币 **29**

"不惮辛劳不惮烦……"

麦克白（1040—1057 在位）

麦克白这个名字对很多人来说都非常熟悉，这主要缘于它来自威廉·莎士比亚关于苏格兰国王的那部戏剧。几个世纪以来，苏格兰和英格兰的君主通过战争、通婚和外交联系在一起，但苏格兰王国本身是建立在对部落征服的基础上的，所以在我们研究麦克白与格拉米斯城堡（这座雕塑所在地）之间的联系之前，需要回顾一下历史。

福斯河以北的史前苏格兰由来自中欧的皮克特人统治。83 年，罗马人来到这里，407 年撤离，喀里多尼亚——当时苏格兰的大部分土地被四个部落瓜分：皮克特人、苏格兰人、不列颠人和盎格鲁人。正是苏格兰人塑造了这个国家，并为其命名。这些苏格兰人来自北爱尔兰的达尔里亚达，在 500 年建立了一个新的王朝。

834 年，阿尔平（苏格兰人的国王）和伊欧汉（皮克特人的国王）之间的战斗被维京人的军队击败，两位国王都被杀死。这场持续不断的王国争端后来由一个主张继承父母血统进行统治的人给解决了，他就是肯尼斯·麦卡尔平。843—859 年，他统治了被称为苏格兰的凯尔特王国，在斯昆竖立了著名的命运之石（见第 68 页），并在那里完成加冕仪式。麦卡尔平家族的最后一位统治者是马尔科姆二世（1005—1034 年在位）。

马尔科姆二世的孙子邓肯一世（1034—1040 年在位）是敦刻尔克家族和统一的苏格兰的第一位统治者。邓肯的儿子马尔科姆·坎莫尔和唐纳德·贝恩的王位继承权受到邓肯的表亲麦克白的威胁，麦克白以老国王生前选定继承人为由宣称自己是王位继承者。1040 年，麦克白在埃尔金战役中杀死了邓肯，解决了这场王位之争。

麦克白统治苏格兰 17 年。他娶了肯尼斯三世（997—1005 年在位）的孙女格鲁赫为妻，她在前一段婚姻中有一个儿子卢拉赫。麦克白于 1057 年被马尔科姆·坎莫尔杀死，其继子卢拉赫继位，因软弱无能，被戏称为"傻瓜"，几个月后就被马尔科姆·坎莫尔杀掉。

莎士比亚的戏剧《麦克白》在 1606 年首演，它以诗意的手法改编了有关苏格兰国王的史实。在这部以格拉米斯城堡为背景的戏剧中，麦克白最初忠于国王邓肯一世，但在三位女巫和他

的妻子麦克白夫人的蛊惑下，麦克白谋杀了邓肯，篡夺了王位。

在苏格兰东部中央低地的格拉米斯城堡的麦克白小径上，有座引人注目的雕塑，就有上文提到的三位女巫。虽然这座城堡与现实中的麦克白并无关联，但它确实与王室有关，因为它是伊丽莎白·鲍斯-莱恩（伊丽莎白王后）的童年之家，其丈夫于1936年成为乔治六世，而且这里也是他们的第二个孩子——玛格丽特公主的出生地。

格拉米斯城堡的麦克白小径上的三位女巫，是用庄园里倒下的树木雕刻而成的。这些人物在莎士比亚的戏剧《麦克白》第一幕第一场中首次出现，在第四幕第一场中，她们吟诵了众所周知的那句话："不惮辛劳不惮烦，釜中沸沫已成澜"。

"不惮辛劳不惮烦……" 31

虔诚国王的神龛

忏悔者爱德华（1042—1066年在位）

1042年哈塔克努特去世后，威塞克斯家族凭借埃塞尔雷德二世最后一个幸存的儿子重新获得了英国王位。新国王是爱德华，即忏悔者爱德华。他一生中大部分时间都在诺曼底，故更喜欢诺曼人的生活方式。他是一个威严但迟钝的国王，因此成为威塞克斯伯爵戈德温的"猎物"，戈德温曾卷入爱德华的兄弟阿尔弗雷德的死亡事件。

爱德华将自己不幸的童年归咎于母亲——诺曼底的艾玛。1043年，他加冕后不久，就带着包括戈德温在内的三位伯爵一同骑马前往温彻斯特。正如《盎格鲁-撒克逊编年史》所记载的那样，爱德华"……夺走了（艾玛的）所有的宝藏，她以前对爱德华很严厉，她为他所做的，不论是在他当国王之前还是之后都未能达到他的期望"。这些宝藏包括土地和"……她所有的黄金、白银以及无数珍宝……"。两年后，在一次政治安排中，爱德华娶了戈德温的女儿伊迪丝。

虽然爱德华统治期间基本是和平的，但贵族家庭之间也有不和，与威尔士人和苏格兰人也有冲突，勇士们希望将英格兰的权力扩张到边境之外。然而，爱德华国王的主要兴趣是艺术与宗教，他因虔诚而赢得了"忏悔者"的称号。他在圣彼得修道院的遗址上建造了一座新教堂——本笃会修道院。这座打算作为皇家埋葬之地的教堂被称为"西敏寺"，以区别"东敏寺"——圣保罗大教堂。爱德华就是在"西敏寺"储藏了他的财宝。他被认为是首创王权标志的君主，但今天只有加冕勺可追溯到11世纪。

遗憾的是，爱德华身体不适，无法参加1065年12月28日为圣徒彼得建造的新教堂的祝圣仪式。几天后，即1066年1月5日，爱德华去世了，第二天被埋葬在新建教堂内的高高祭坛前。

爱德华被认为具有治愈能力，这种声誉在他死后继续存在，1161年他被封为圣徒。1163年，他的遗体被移到一个特别准备的神龛中。1245年，亨利三世开始为纪念圣爱德华建造一座更宏伟的教堂——威斯敏斯特教堂。该教堂于1269年被祝圣，爱德华的遗体被移至一个宏伟的新神龛中，放置在高高的祭坛后面，现今仍然可以看到。

爱德华和伊迪丝没有孩子，王位继承人有三位：威塞克斯的哈罗德·戈德温、诺曼底的威廉公爵和挪威的哈拉尔德·哈德拉达。

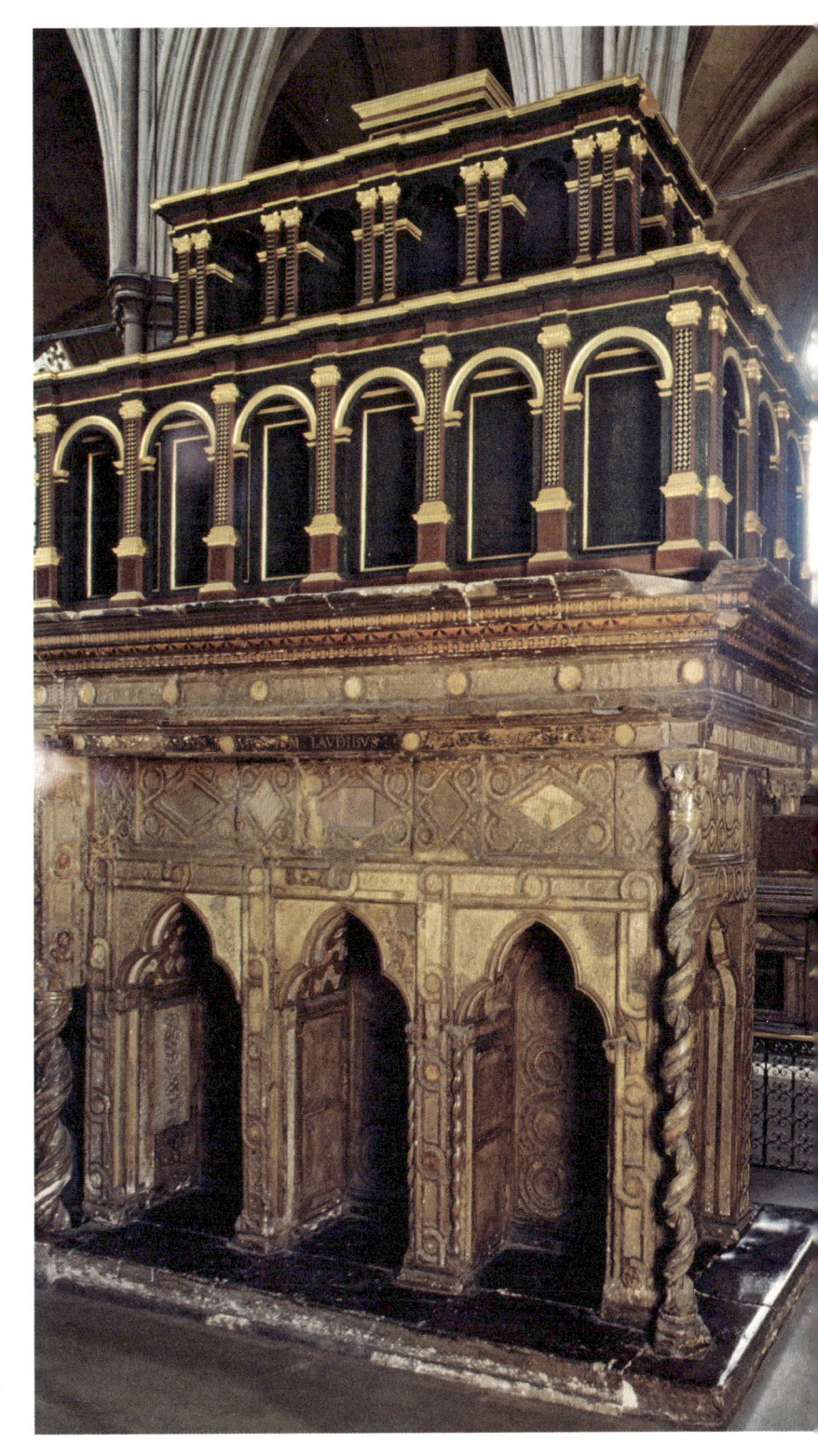

忏悔者爱德华在威斯敏斯特教堂的神龛。

虔诚国王的神龛

玛格丽特的彩色玻璃窗，位于爱丁堡城堡以她的名字命名的小教堂内。这扇窗户和其他四扇代表着几位苏格兰圣人和英雄的窗户——圣安德鲁、圣科伦巴、圣尼尼安和威廉·华莱士，由道格拉斯·斯特拉坎设计，安装于20世纪20年代。

玻璃窗中的荣誉：王后与圣徒

马尔科姆三世（1058—1093年在位）

当威塞克斯的玛格丽特嫁给苏格兰的马尔科姆三世时，他们的结合对苏格兰历史产生了重大影响。在她的影响下，宗教改革得以实施，撒克逊语取代了盖尔语作为宫廷语言，封建制度取代了宗族制度。她提倡教育和宗教，并以虔诚和慈善而闻名。圣玛格丽特教堂是1130年由她的小儿子大卫一世为纪念她而在爱丁堡的最高点建造的。它是爱丁堡现存的最古老的建筑。

马尔科姆·坎莫尔以马尔科姆三世的身份对王国进行统治，马尔科姆三世是坎莫尔家族的第一位国王。1040年，马尔科姆·坎莫尔的父亲、苏格兰的邓肯一世被杀，为了安全起见，这个男孩（约1031年出生）被送往盎格鲁-撒克逊的诺森布里亚，与他的叔叔西沃德伯爵——英格兰北部的一个权贵，住在一起，并在英国生活了多年。

马尔科姆三世在两次弑君（麦克白和卢拉赫）之后，成了一位令人敬畏的武士国王。他与第一任妻子育有三个孩子，第一任妻子于1069年去世，长子邓肯为法定继承人。1070年，马尔科姆迎娶了威塞克斯的玛格丽特，她是埃德蒙·艾恩赛德的孙女，1016年，埃德蒙·艾恩赛德作为英格兰国王只统治了几个月。1066年诺曼征服英格兰后，玛格丽特和她的家人——包括她的兄弟埃德加·阿瑟林逃到了苏格兰。他们在马尔科姆三世的宫廷避难，苏格兰国王支持埃德加夺取英格兰王位。玛格丽特王后给马尔科姆生了八个孩子：他们的四个儿子——埃德蒙、埃德加、亚历山大和大卫，将统治苏格兰；他们的长女玛蒂尔达在1100年嫁给亨利一世后成为英国王后。

马尔科姆三世梦想着扩大他的王国，并多次入侵英格兰。但是，当1072年征服者威廉向苏格兰挺进时，他不得不屈服于英格兰国王，并被迫将他的儿子邓肯送到英格兰宫廷，在那里被扣为人质。

1093年11月16日，马尔科姆三世第五次突袭英格兰，在诺森伯兰郡的阿尼克战役中被杀，当时英格兰军队由诺森布里亚伯爵罗伯特·德·诺布雷指挥。马尔科姆三世和玛格丽特的长子也在这场冲突中受了致命伤。在听到丈夫和儿子去世消息后的几天，玛格丽特王后也与世长眠了。

1250年，玛格丽特被教皇英诺森四世封为圣徒，每年的11月16日是她的忌日。

国王的战斗石

哈罗德二世（1066 年在位）

威塞克斯的哈罗德是威塞克斯伯爵戈德温的次子，也是忏悔者爱德华的内弟。哈罗德声称爱德华在临终前指定他为继承人，这一说法得到了教会和议会的支持，他于1066年1月加冕为哈罗德二世。

英勇无畏的哈罗德二世上台后立刻就遭受了背叛和入侵，两条战线的威胁分别来自挪威国王哈拉尔德·哈德拉达和诺曼底公爵威廉。

挪威国王得到了哈罗德二世的弟弟托斯蒂格的支持，哈德拉达和托斯蒂格联合起来，他们的军队在英格兰北部登陆。哈罗德无视母亲和另一个兄弟格斯"按兵不动"的建议，向约克郡进发。1066年9月25日，在斯坦福桥战役中，哈拉尔德·哈德拉达和托斯蒂格双双战死。两天后，诺曼底的威廉率领一支约700艘船的舰队在苏塞克斯海岸的佩文西登陆。哈罗德匆忙南下应对新的威胁，他一边行军一边集结经验不足的援军，为厌战的士兵补充兵力。

尽管斯坦福桥战役是英格兰的一次胜利，但哈罗德二世的下一场战争——黑斯廷斯战役，却以失败告终。战斗于10月14日上午9时左右在森拉克山（战役发生在现在的东萨塞克斯郡）开始，哈罗德二世不仅失去了他的王国，还丢掉了性命。人们不知道他究竟是怎么死的，但流传他是被一支箭刺穿眼睛致死，就像贝叶挂毯上描绘的那样。不管哈罗德二世死时的情况如何，盎格鲁-撒克逊君主制已经结束，威廉成为英格兰的第一位诺曼统治者。

据说大约有一万人在黑斯廷斯战役中丧生，1070年，教皇命令威廉一世——人称"征服者威廉"为这次流血事件忏悔。威廉发誓要在战斗发生的地方建造一座本笃会修道院，高高的圣坛被安置在哈罗德二世倒下的地方。威廉本人在1094年新教堂落成前就去世了。

修道院在16世纪被拆除，是修道院解散运动的受害者。20世纪80年代，人们建造了一个纪念盎格鲁-撒克逊国王的纪念物——哈罗德石，标记人们认为的祭坛所在地。然而，21世纪的研究发现了一个更准确的位置，2016年纪念碑被移到了新的位置。今天，战役修道院和1066年战场的遗迹由英国遗产管理局负责保护。

哈罗德石，镶嵌在战役修道院废墟中的马蹄形布局中。哈罗德二世的纪念碑在黑斯廷斯战役950周年的时候被移到了新位置。

征服者的加冕仪式

威廉一世（1066—1087年在位）

威斯敏斯特教堂在1066年的圣诞节第一次被用于加冕典礼，当时威廉一世（征服者威廉）在黑斯廷斯战役胜利后两个月加冕。此后，除了两位君主之外，所有的君主都在这里加冕，这两个例外就是男孩国王爱德华五世——"塔中王子"之一，他在1483年做了很短的君主，以及爱德华八世，他在1936年只统治了325天，并在加冕前退位。

这张图片来自一份彩插手稿，图中显示威廉一世手持权杖和十字圣球，它们到今天仍在加冕仪式上使用。1066年，这位新国王描述了这些物件的用途："通过权杖控制王国里的暴乱，用十字圣球聚集和限制那些误入歧途的人"。这些权力符号对于这位视英格兰为战利品并在统治期间盖自己印章的人来说非常重要。

威廉是维京军阀的后裔，他们在9世纪掠夺并定居在法国西北部。威廉是诺曼底公爵罗伯特一世的两个私生子中的老大，在他还是个小男孩的时候就继承了诺曼底公爵的身份。受到性格果断的母亲阿莱特·德·法莱斯的保护与影响，在早期的斗争中，他成长为一名脾气暴躁的、强劲的统治者和凶猛的战士。

他声称登上英格兰的王位是基于两个所谓的承诺：一个是流亡法国时的忏悔者爱德华的承诺，威廉说爱德华任命他为继承人；另一个是从哈罗德·戈德温（哈罗德二世）口中得知的，那就是爱德华死后，英格兰王位将传给威廉。

1066年1月，哈罗德刚被宣布为英格兰国王，威廉就开始准备开战。他越过英吉利海峡，率领军队顺利登陆，在黑斯廷斯战役中与哈罗德二世对峙。威廉在1066年10月那决定性的一天勇猛作战为诺曼人赢得了胜利，并获得了"征服者"的称号。

然而，威廉没有立即加冕，又过了两个月他才进入伦敦参加加冕仪式。在黑斯廷斯之后，他的士兵占领了多佛和坎特伯雷，然后向萨里和汉普郡进军，所经之处烧杀抢掠，然后在沃林福德（当时属于伯克郡，现在属于牛津郡）强行渡过泰晤士河。与此同时，埃德蒙·艾恩赛德的孙子埃德加·埃特林的支持者建议他当国王。但是，随着威廉的军队向伦敦推进，贵族和有权势的神职人员抛弃了埃德加，逃离了首都；到了12月中旬，留下的人都臣服于威廉。他来到伦敦后，决定给自己举行一

描绘于一份彩插手稿中的威廉一世加冕礼，这是威斯敏斯特大教堂首次举行这样的仪式。

次辉煌而盛大的加冕仪式。虽然按照惯例，由坎特伯雷大主教来主持这样的活动，但斯蒂甘大主教支持埃德加·埃特林，拒绝为"浑身沾满鲜血，侵犯他人权利"的威廉加冕。因此，约克大主教埃尔雷德为威廉加冕为英格兰国王，并按照征服者所期望的各种神圣仪式和所有典礼的形式进行。

在威斯敏斯特大教堂外，气氛十分紧张，守卫已经就位，以镇压任何骚乱。当王冠戴在威廉头上的那一刻，教徒们按照惯例高声欢呼；卫兵们听到后以为国王遭到袭击，于是惊慌失措，用剑砍向围观者，并放火烧毁附近的建筑物。教徒们吓得四处逃窜，甚至连威廉也被吓到，正如英国编年史学家奥克雷克·维塔利斯所写的那样："只有主教和神职人员以及僧侣们吓得留在祭坛前，勉强设法在剧烈颤抖的国王面前完成了祝圣仪式"。

这并非威廉想要的统治的开始，但也许是动荡时代即将到来的标志。

征服者的加冕仪式

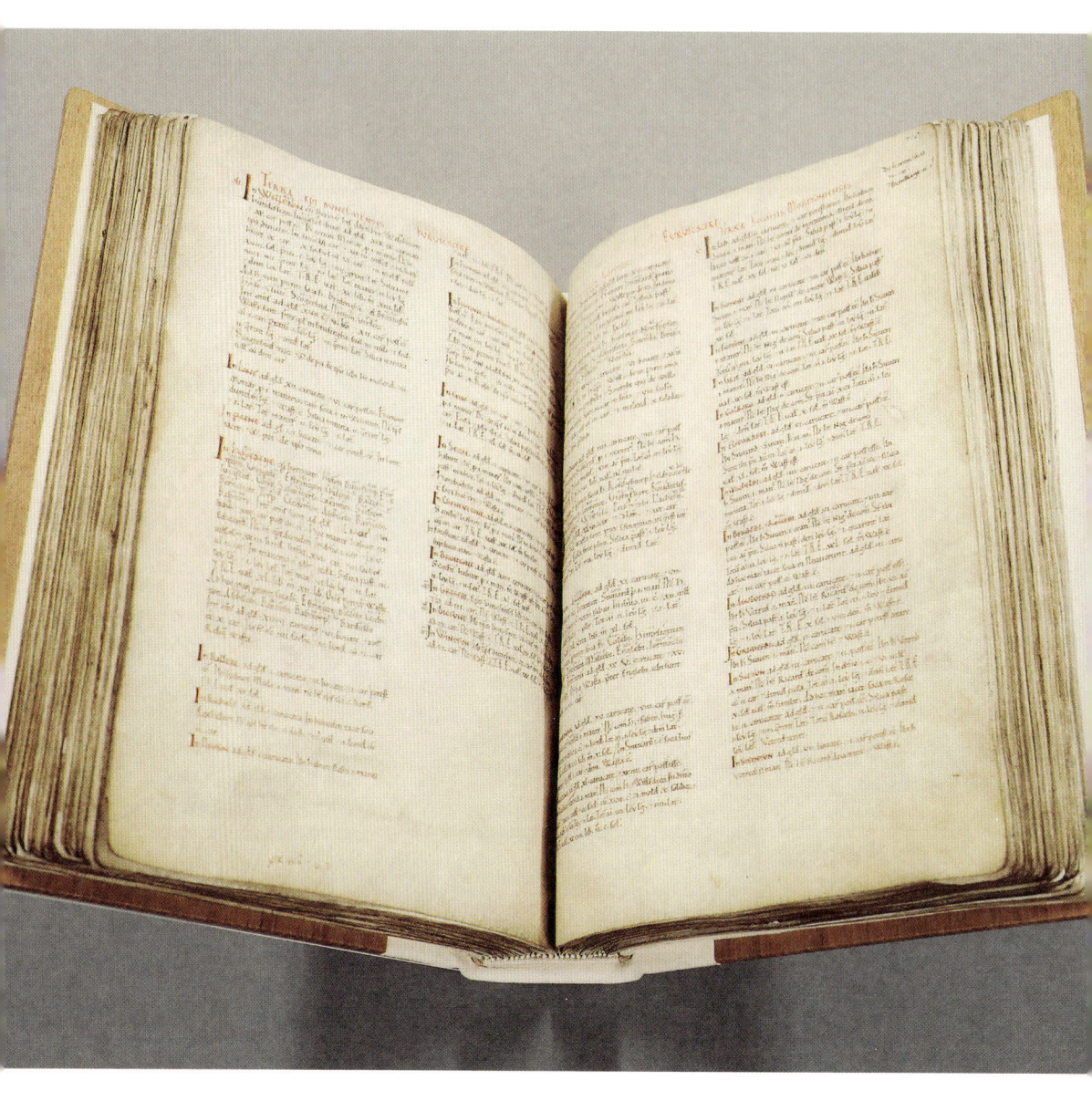

《末日审判书》,保存在位于邱镇的英国国家档案馆。

十一世纪的调查

威廉一世（1066—1087年在位）

征服者威廉从1072年到1087年去世，只在英格兰逗留了四次。但在1085年12月最后一次逗留中，他下令编写了《末日审判书》。

对威廉一世来说，征服英格兰是一项代价高昂的行动，他用土地奖励了他的忠实支持者。但到了1085年，土地所有者开始争论谁拥有什么。在花费了近20年时间加强诺曼人控制之后，他不想让自己的努力付之东流，于是决定进行一次大规模的土地调查，目的是逐县评估他王国的土地范围、每个地产的市值，并引入一种新的税收制度，用来筹集更多的资金。这是以前从未有人进行的尝试。

调查信息很可能是在1086年的前几个月由皇家专员收集的，他们走遍了英格兰，调查了1.3万多个乡镇。专员们一回到伦敦就将调查信息整理并由一位手抄员记录在两本大书中（《大末日审判书》和《小末日审判书》），人们大都认为初稿于1086年8月完成。

据《盎格鲁-撒克逊编年史》叙述，这次调查的目的是"不应遗漏一张兽皮或一码土地，实际上……也不应遗漏一头牛或一头猪"。因其全面细致记录的情况似乎不容否认，犹如《圣经》中描述的"最后的审判"或"世界末日"，这也是这本书名字的由来。

《末日审判书》是用拉丁文记录在羊皮纸上的，用黑色墨水书写而成，郡名及任何更正都用红色墨水标出。到1087年9月征服者威廉在法国去世时，这本书尚不完整。尽管它应该覆盖1086年的整个英格兰，包括现在威尔士的一部分，但也有例外。例如，它不包括今天的诺森布里亚，甚至一些重要的城镇，比如伦敦和温彻斯特，均不在其中。它的记录也不可避免地受到人为因素的错误影响。尽管如此，这本书还是为我们提供了一幅关于11世纪英格兰生活和经济的珍贵快照。

现在所知的《末日审判书》原先被称为《温彻斯特之书》，因为它最初保存在温彻斯特的皇家国库中。当财政部搬迁到威斯敏斯特时，这本有着历史记载的书也随之迁移。今天，《末日审判书》的原件已经非常脆弱，故保存在一个特制的箱子里，存放于大伦敦区邱镇的国家档案馆中，但人们可以在网上查看。

征服者的城堡

威廉一世（1066—1087年在位）

威廉一世在1066年征服英格兰后，开始了一项城堡建造计划。在诺曼征服后的35年里，他大约建造了200座城堡。这些都是莫特和贝利式城堡：莫特式城堡是在一个陡峭的土丘上矗立着的一座木塔或堡垒，而贝利式城堡是被一条沟渠环绕的一块封闭区域。

威廉计划的一部分包括在伦敦周围建造一个防御圈，因为在诺曼人的统治下，伦敦成为无可争议的英格兰首都。这些城堡建在距离伦敦约32千米的地方，相当于一天的行军距离。其中之一就是温莎城堡，其居高临下的位置高出泰晤士河30米。之所以选择这个地方，是因为它既靠近通往伦敦的泰晤士河，又靠近森林密布的撒克逊狩猎场，即现在的温莎大公园。

温莎城堡始建于1070年左右，并于1086年完工。城堡分三个阶段建成：首先在中央堡垒上建立守卫区，然后在东面增加了第二个木制堡垒，最后又在西面建了第三个堡垒。尽管今天诺曼防御工事只剩下了一个土丘，上面矗立着标志性的圆塔（始建于12世纪），但这三个区域仍然构成了今天城堡的布局。温莎城堡在12世纪早期亨利一世统治时期首次成为皇家住所，但是他的孙子亨利二世开始用石头取代木墙，把它变成了皇家宫殿。在之后的每个世纪里，不同的君主都在这座建筑及其场地上留下了自己的印记。如今，它已有近1000年，是世界上最大的有人居住的城堡。虽然它是一座行政宫邸，但也是一座非常典型的皇家住宅。从2020年起，它取代白金汉宫成为伊丽莎白二世更为久居的住所。

温莎城堡也是一个受欢迎的旅游景点。作为皇家官邸之一，它对公众的开放由皇家收藏信托基金管控。参观期间可以看到这座历史建筑的大部分，包括国家大厅，而在城堡区定期举行的丰富多彩的卫兵换岗仪式也是一道壮观的风景。

尽管征服者威廉建造的城堡中有一些已经变成废墟，但其他堡垒依然保存下来，其中包括：伦敦塔的白塔，由英国历史皇宫管理局管理；佩文西、多佛、老萨勒姆和约克等处的城堡，由英格兰遗产委员会管理；科夫城堡，由英国国家名胜古迹信托管理；以及科尔切斯特、切普斯托、沃里克、诺维奇、诺丁汉、林肯和杜伦等处的城堡。

温莎城堡的圆塔，矗立在11世纪为防御所建的土丘上。

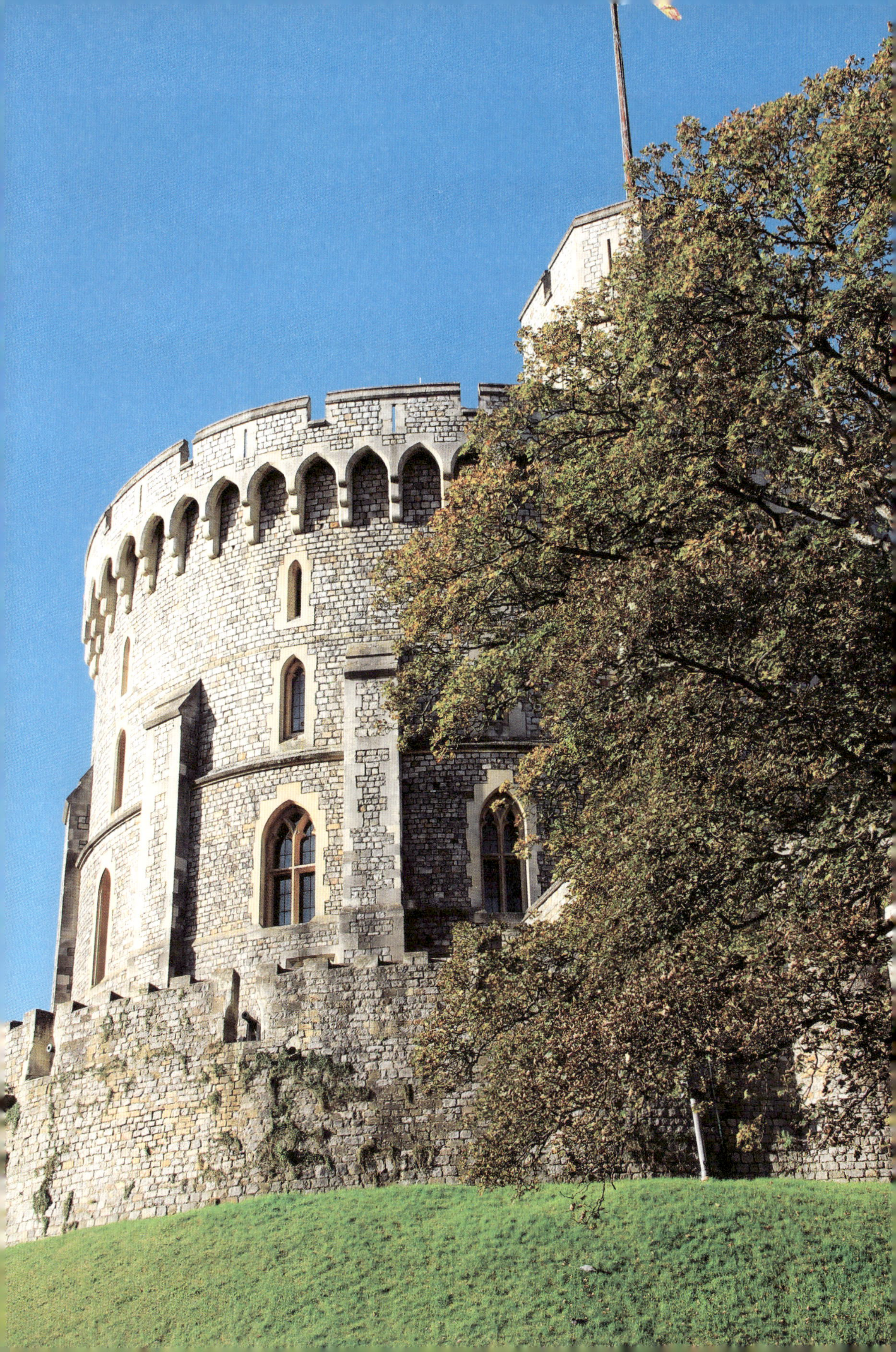

新森林中的鲁弗斯石碑,标记着威廉二世在这里被一箭射死。

新森林纪念碑

威廉二世（1087—1100年在位）

威廉一世的妻子弗兰德的玛蒂尔达（在威廉一世征服英格兰时担任诺曼底摄政王）为他生了至少九个孩子，其中包括四个儿子。他们是罗伯特、理查德（先于他的父亲去世）、威廉和亨利。

父亲死后，威廉是第一个抵达英格兰的儿子，他很快在威斯敏斯特加冕，并掌握了皇家金库。

新国王威廉二世的绰号是"威廉·鲁弗斯"（Rufus，源自拉丁文，代表"红色的"，故他也被称作"红脸威廉"，译者注），据说是因为他面色红润。在12世纪，马姆斯伯里的历史学家、修道士威廉这样描述他："……体格健壮，面色红润，头发黄色……力量惊人，但个头很高，肚子比较突出……"

威廉二世属于他那个时代的军人——残酷、鲁莽、贪婪、玩世不恭，却深受他的骑士们的敬仰。他继承了父亲的遗志，在他的统治下，镇压了英格兰人的叛乱，扩大了诺曼人在南威尔士和英格兰北部的统治。然而，他与教会对立，并引起了修道士们的不满，他们厌恶地谴责他的宫廷风：长发、尖头鞋和娘娘腔的行为。威廉没有结婚，也没有后代，这加剧了人们对他是同性恋的猜测。

征服者威廉在位期间，将大片土地变成了狩猎场，并鼓励他的儿子们成为狂热的狩猎爱好者。他的第二个儿子理查德死于1070年，当时他正在汉普郡的新森林打猎。1100年8月，历史重演，威廉·鲁弗斯也在那里打猎时身亡，被一支流箭射中。

鲁弗斯的弟弟亨利当天也在打猎，他立即赶到温彻斯特索取皇家金库的钥匙。有人发现威廉·鲁弗斯的尸体，并放在一辆马车上带到了温彻斯特，在大教堂的塔楼下举行了非皇家埋葬。三天后，亨利被加冕为英格兰国王亨利一世。

尽管威廉二世的死被认为是一场意外，但被指责射出致命一箭的人是沃尔特·泰瑞尔爵士。据称，泰瑞尔瞄准了一只雄鹿，但他的箭碰到一棵树，被弹了下来射中了威廉的胸部，威廉当场死亡。泰瑞尔逃到了法国，但他的家人得到了亨利一世的恩惠，这导致威廉·鲁弗斯是否真的意外死亡成为一个谜团。

新森林中的鲁弗斯石碑标记着威廉二世的死亡地点。这座三面纪念碑，尽管名字叫"鲁弗斯石碑"，却是由铸铁制成的。它建于1841年，取代了1745年的一座早期石碑。

皇家批准印章

亨利一世（1100—1035年在位）

与自50年前忏悔者爱德华时代以来的所有君主一样，亨利一世也拥有自己的国玺。这一传统一直延续至今日，国玺仍然是王权的主要印章，用于表示君主对重要国家文件的批准。

印章的制作方法是将章的基体压入树脂和蜂蜡的混合物中，形成压痕，使之附着在相关文件上。几乎所有的英国国玺都是刻绘的：一面是君主坐在宝座上，手持球状物和权杖；另一面通常是君主坐在马背上，如亨利一世的印章，象征着他军事领袖和王国保卫者的身份。

在贪婪的驱使下，亨利一世行动迅速且冷酷无情，正如他在其兄威廉二世被杀后立即飞奔至温彻斯特索要皇家金库钥匙这件事，就足以证明这一点。

亨利作为国王的第一件事就是与苏格兰的伊迪丝（为了纪念亨利的母亲，她改名为玛蒂尔达）结婚。她是阿尔弗雷德大帝的后裔，所以这样的配偶对他来说具有王朝的吸引力。

亨利在遏制不法行为方面采取了严厉的措施。根据他的命令，英格兰所有的诺曼"假币商"（造假者）都被施以酷刑，以杀一儆百。尽管采取了这些残忍的手段，国王依然赢得了人们的钦佩和信任。

然而，他残忍的性格延伸到对待家人上。1106年，他在诺曼底的廷切布雷战役中击败了他的哥哥诺曼底的罗伯特，夺取了公国，并将罗伯特终身监禁。更令人震惊的是，他在1119年对自己的私生女朱莉安娜和她丈夫尤斯塔斯·德·佩西的两个孩子实施了残忍的暴行，当时亨利和他的女婿就诺曼底伊夫里城堡的所有权发生冲突。在这场争端中，尤斯塔斯劫持了王室城堡总管拉尔夫·哈内克的儿子作为人质，并弄瞎其双眼。亨利认为，对城堡总管的攻击是对国王权威的挑战，作为报复，亨利同意让哈内克弄瞎他的两个外孙女。

亨利国王和玛蒂尔达王后的独生子威廉在英吉利海峡溺水身亡，年仅17岁，这就是著名的"白船号悲剧"。他们的女儿也叫玛蒂尔达，嫁给了德国皇帝亨利五世。

亨利一世有20个私生子，他们被禁止继承王位。尽管他希望玛蒂尔达能继承王位，但1035年亨利一世的去世还是给王朝留下了问题。

图为亨利一世的国玺。自 11 世纪君主拥有不同的权力以来，国玺一直为王室所使用。在 21 世纪，君主根据议会的建议行事，封印的过程在上议院进行。尽管如此，印章仍然是君主作为国家元首的一个重要象征。

皇家批准印章

国王、雄鹿和修道院的建立

大卫一世（1124—1153 在位）

苏格兰国王大卫一世是马尔科姆三世和玛格丽特王后的第六个孩子，也是最后一个儿子。除了在爱丁堡城堡建造一座以他母亲名字命名的小教堂外，他还通过建立修道院中心来纪念她，其中包括在荷里路德宫的一所修道院。

关于1128年爱丁堡城堡附近的荷里路德修道院的建立，还有着一个充满玄幻的故事。传说大卫国王在森林里打猎时，一头巨大的白色雄鹿从灌木丛中冲出来，国王从马上摔了下来。当雄鹿准备进攻时，大卫祈祷，一个神圣的十字架出现在鹿角之间。当大卫伸手去拿十字架时，雄鹿停下脚步，然后逃走了。据说，荷里路德修道院就建在传说中奇迹发生的地方。

16世纪初，苏格兰的詹姆斯四世在荷里路德修道院附近建造了一座哥特式宫殿。1671年，一项重大的重建计划促成了今天的荷里路德宫——英国君主在苏格兰的官方住所，也是为苏格兰居民举行国家仪式和授勋仪式的地方。每年夏天，英国女王伊丽莎白二世都会在这里举办"荷里路德周"，以庆祝苏格兰社区、文化和成就。作为一个深受喜爱的旅游景点，这座皇家住宅的对外开放是由皇家收藏信托基金管理的，为民众提供了一个发现其历史的机会，并可以参观宏伟的国事厅、探索美丽的花园。

大卫一世是苏格兰最伟大的国王之一，在他1124年登基之前，他的几位家族成员曾统治过苏格兰。在他的父亲马尔科姆三世去世后，他的叔叔唐纳德·班第一次以 tanistry（盖尔语中传递头衔和土地的制度）为由继承王位；他的第一次统治是在1093—1094年，但不久就迎来了第二次统治。唐纳德被马尔科姆三世和他第一任妻子所生的儿子邓肯二世赶下台。邓肯在1094年只统治了几个月，就在蒙戴恩战役中被他同父异母的兄弟埃德蒙和叔叔唐纳德·班杀死了。从1094年底到1097年，埃德蒙统治着洛锡安和斯特拉斯克莱德，而唐纳德·班统治着苏格兰。埃德蒙的弟弟埃德加把这对皇室成员赶下了王位。埃德加，于1097—1107年在位，他没有结婚，死后王国由他的兄弟亚历山大（君主）和大卫（国王的副手、洛锡安和斯特拉斯克莱德的统治者）统治。亚历山大一世（绰号"猛者"）1107—1124年在位。他没有留下合法的继承

人，王位由大卫一世继承。

大卫一世将苏格兰变为封建社会，盎格鲁-诺曼佃户拥有土地以换取劳动力；他建立了皇家城镇（包括斯特林、珀斯、邓弗姆林和爱丁堡）；引入了苏格兰第一种硬币。他还影响了语言的发展：虽然高地人使用盖尔语，但一种苏格兰变体英语（英格利斯语）在更南部

荷里路德宫西北塔前华丽的大门上有一只雄鹿，代表12世纪创建荷里路德修道院的大卫一世的传奇故事。

被采用。

当他唯一的儿子亨利在1152年去世时，大卫任命他11岁的孙子马尔科姆为他的继承人。这个男孩作为马尔科姆四世登上了王位。

城堡、监狱……逃亡

斯蒂芬（1135—1154年在位）

牛津城堡于11世纪为征服者威廉而建，有着悠久而动荡的历史。它最富传奇色彩的事件之一发生在12世纪，当时一位准女王被围困在城堡中，后穿过一片雪地逃了出来……

亨利一世死后，他的女儿玛蒂尔达理应是第一位继承王位的女性。尽管亨利坚持要他的贵族们宣誓效忠玛蒂尔达，但他们更喜欢他的外甥布鲁瓦的斯蒂芬伯爵（他的母亲是征服者威廉的女儿）。斯蒂芬还通过他的弟弟、温彻斯特主教布鲁瓦的亨利，得到了教会的支持。

第一位也是唯一一位英格兰斯蒂芬国王登基，他的加冕仪式在他舅舅死后不久在威斯敏斯特举行。斯蒂芬的魅力、亲切和勇敢使他广受欢迎，但他的性格并非没有缺陷，他很少贯彻执行一项政策。

他的表姐玛蒂尔达——仍然被称为"皇后"，她的头衔来自她与德国皇帝亨利五世的第一次婚姻，对斯蒂芬的王位提出异议，并获得了足够的支持，在内战中与他对抗。这场被称为"无政府状态"的激烈冲突在1139—1145年达到了最严重的地步。正是在这段时期，斯蒂芬于1141年在林肯战役中被俘，并被带到布里斯托尔城堡囚禁于此。玛蒂尔达计划着她的加冕仪式。但斯蒂芬的军队俘虏了玛蒂尔达同父异母的兄弟、她的支持者——格洛斯特的罗伯特，双方达成了协议，罗伯特和斯蒂芬都在当年晚些时候被释放。

战争仍在继续，双方都在围攻对方的据点。1142年，玛蒂尔达发现自己被围困在牛津城堡，这种情况持续了三个月，直到12月的一个雪夜，玛蒂尔达被用绳索从她被囚禁的圣乔治塔上放了下来。她逃了出来，裹着一件白色斗篷在雪里用作伪装向南逃去，徒步穿过结冰的泰晤士河，来到约19千米外的沃林福德城堡的安全地带。

"无政府状态"并没有停止，而是陷入了僵局。玛蒂尔达最终退出了这场战役，并于1148年横渡英吉利海峡，居住在诺曼底公国中。她的长子亨利留在英格兰继续战斗。

斯蒂芬国王死于1154年，他的儿子尤斯塔斯先于他去世，各方一致认为亨利应该成为下一任国王。玛蒂尔达又活了13年，最终赢得了这场战斗。

牛津城堡的大部分在 17 世纪的英国内战中被毁,但圣乔治塔保留了下来,1142 年,玛蒂尔达皇后就是从这里逃出来的。战后,这座建筑被用作监狱,于 1996 年关闭。今天的它成为一个吸引游客的景点。

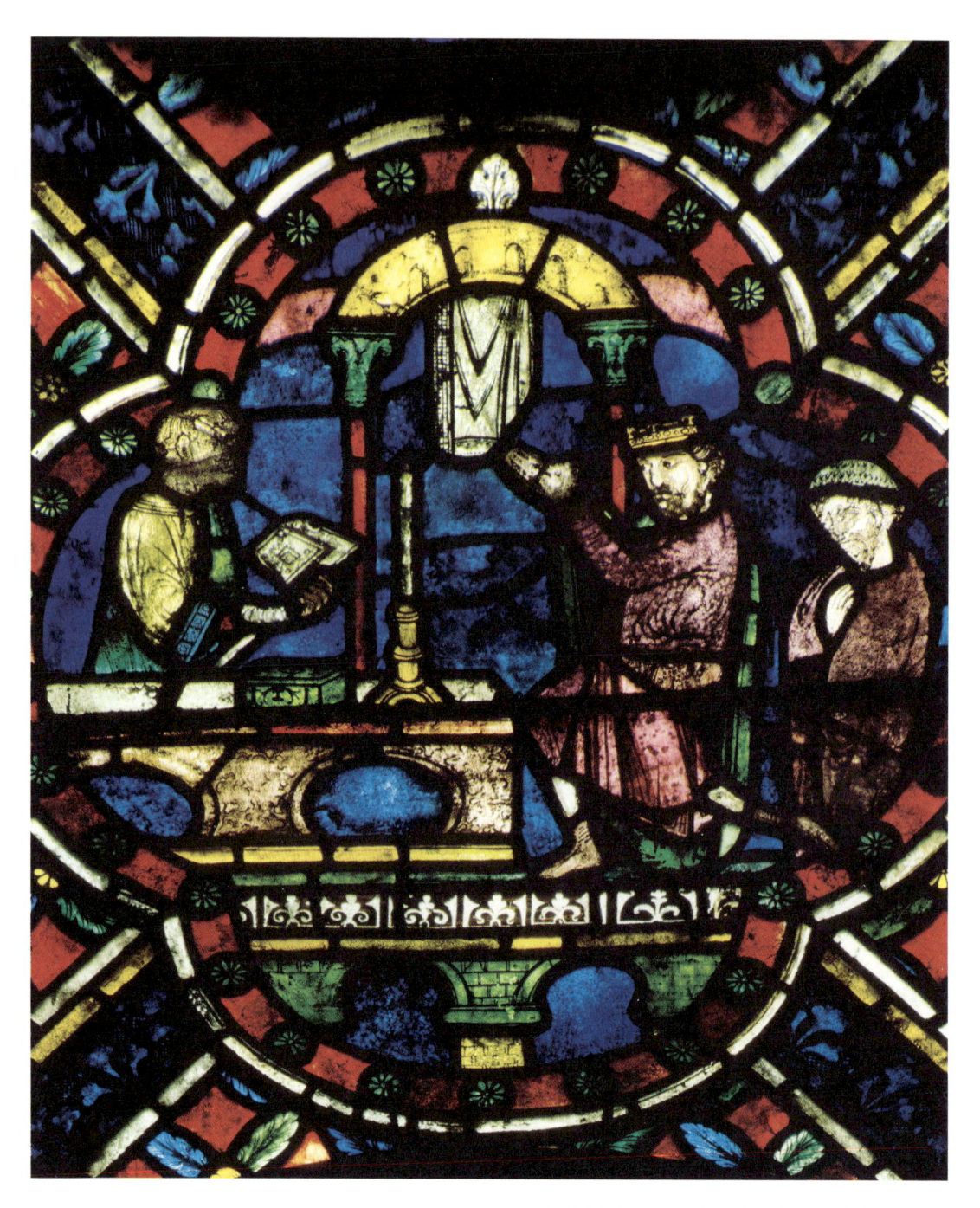

坎特伯雷大教堂的贝克特生平窗：忏悔者的亨利二世跪在托马斯·贝克特大主教墓前，贝克特在去世三年后被教皇亚历山大三世封为圣徒。

一位国王的忏悔

亨利二世（1154—1189年在位）

"没有人能帮我摆脱这个不可控制的牧师吗？"亨利二世以愤怒和沮丧而非期待的口吻说出了这句话，无意中宣判了坎特伯雷大主教托马斯·贝克特的死刑。

作为金雀花家族的第一位君主，亨利二世在位期间统治的帝国比他之前的任何一位英国国王都要大：英格兰、威尔士、爱尔兰、诺曼底、安茹、阿基坦和布列塔尼。他身体强壮，令人印象深刻，他的性格属于富有魅力却急躁的点火就着。这位才华横溢、躁动不安的国王热衷于战争、狩猎、法律、艺术和建筑，与他充满活力的妻子阿基坦的埃莉诺是绝配，他们算是强强联盟。

亨利二世统治时期发挥最持久影响的遗产，是他通过巡回法官、陪审团和巡回法庭重建的英国法律体系。第一部系统论述英国法律的论文可以追溯至他的时代，将政府与维护整个王国的法律和秩序牢固地联系在一起。但他最让人铭记的是关于托马斯·贝克特的死。

贝克特于1162年当选为坎特伯雷大主教。他与亨利二世的关系时而友好，时而紧张。1164年，两人发生争执，亨利二世坚持教会必须服从国家法律，而贝克特同样坚持教会高于法律。贝克特被指控叛国罪，并逃往法国，在那里流亡了六年。最终双方达成妥协，贝克特于1170年返回英国。然而，和解是短暂的。当贝克特将三位支持亨利二世的主教逐出教会时，国王勃然大怒。四名骑士无意间听到亨利二世说出了那句决定性的话："没有人能帮我摆脱这个不可控制的牧师吗？"于是为了取悦国王，他们骑马前往坎特伯雷。

1170年12月29日，骑士们进入坎特伯雷大教堂，与大主教托马斯·贝克特对峙，并残忍地杀死了他。听到这个消息后，亨利二世大为震惊，他认为自己的话是导致贝克特死亡的原因，所以他公开进行忏悔。

贝克特被杀后不久，就有报道称沾有他鲜血的物品出现了奇迹。他被誉为殉道者，1173年被封为圣徒。他在坎特伯雷大教堂的神龛成为朝圣的中心，但在16世纪宗教改革运动中，在亨利八世的指示下被摧毁。今天，一块简单的石头标记着贝克特死亡的地方。然而，在大教堂的三一礼拜堂里有辉煌的彩色玻璃奇迹之窗。其中包括贝克特的生平窗，时间可追溯至13世纪初，其中一扇描绘了亨利二世跪在圣托马斯墓前忏悔的场景。

皇家纹章上的狮子

理查一世（1189—1199年在位）

理查一世被认为是第一个将三只狮子作为纹章符号的英国君主，这三只狮子至今仍被用在皇家纹章上。狮子——象征着胆量和勇气，是这位国王恰如其分的象征，他是一位伟大的战士和十字军将领，绰号"狮心王理查"。

理查是亨利二世和埃莉诺王后的第三个儿子，在他父亲去世后于1189年继位。在亨利和埃莉诺所生的五个儿子中，一个在童年时期就夭折了，另外两个比他们的父母早亡。

理查一世在位十年，只在英格兰生活了五个月，他与纳瓦拉的贝伦加利亚的婚姻没有留下任何子女。他大部分时间都在海外作战，包括在法国、西西里岛和巴勒斯坦；在第三次十字军东征期间，他差点占领了耶路撒冷。虽然他的军旅生涯令人印象深刻，但付出的代价也很高昂；英国的税收支撑了他的战役，1192年12月他从圣地返回奥地利时被扣为人质，释放国王的赎金也是拿英国税收支付的。

皇家纹章上的狮子——今日组成联合王国的前几个王国的纹章的组合，起源于狮心王的国玺，用来象征君主对重要文件的批准。理查国王1189年的第一枚国玺，盾牌上面有一只狮子跃立作扑击状（呈后腿站立姿态）；1198年的第二枚国玺，盾牌上有三只狮子护卫（看起来像在走路，一条前腿抬起，头转过来）。

在苏格兰，亚历山大二世（1214—1249年的苏格兰国王）的国玺上有一只后腿站立的雄狮，而且至少从16世纪开始，苏格兰王国的皇家纹章就以金底红狮为其特色。

在接下来的几个世纪里，英格兰和苏格兰的君主都对他们的皇家纹章进行了修改。1603年英国王室联合后，皇家纹章上的符号被结合在一起，并增加了一架竖琴，用以代表爱尔兰王国。

今天，英国女王伊丽莎白二世的标准皇家纹章中央有一个盾牌，分为四个部分：两个部分是三只红底金狮（代表英格兰和威尔士）；第三部分是金底红狮（代表苏格兰）；第四部分是蓝底金色竖琴（代表爱尔兰）。苏格兰为女王陛下设计的图案版本略有不同，两个四分之一部分均是一只单腿站立的雄狮。狮子和竖琴也以类似方式出现在皇家旗帜上（见第205页）。

伊丽莎白二世的皇家纹章，盾徽上三只狮子的标志可以追溯至理查一世统治时期。

皇家纹章上的狮子

《大宪章》

约翰（1199—1216年在位）

1957年，一座纪念碑在温莎城堡以南约4.8千米的伯克郡兰尼米德被建立。碑上刻着"纪念《大宪章》，法律下自由的象征"，以纪念1215年6月15日宪法历史上最重要的时刻之一。

约翰国王在其兄长理查一世去世后于1199年登上王位。他通过赠予以及1189年与格洛斯特伯爵夫人伊莎贝拉的第一次婚姻获得大量财产，但还是被父亲亨利二世戏称为"无地王"；他聪明而有心机，但还要努力防止帝国四分五裂。1204年失去了对诺曼底的控制，为他带来另一个耻辱的绰号"软剑"。

为了巩固他在英格兰的王国、夺回在法国失去的土地，他通过增加税收来筹集资金，并践踏贵族和教会的权利，从而引发骚乱。他激怒了教皇，以至于英格兰从1208年开始被教皇禁足（实际上是被逐出教会）长达六年之久，不过后来他与教皇的关系有所改善。

国王约翰和英国贵族之间的争端，使国家陷入内战。1215年6月，为了恢复和平，贵族们在兰尼米德的一片沼泽草地上与君主会见。据说这里是盎格鲁-撒克逊国王有时开会的地方，人们认为"大宪章"（Magna Carta，"大宪章"的早期叫法，译者注）的这个名字源于盎格鲁-撒克逊语中的"runieg"（意为"定期会议"）和"mede"（意为"草地"）。正是在这里，叛乱的贵族们迫使约翰在一份文件上盖章，该文件限制了他的权力，并列出贵族享有的权利。"大宪章"这个名字在两年后才被引用。

尽管该宪章后被教皇废除，导致内战再次发生，但它后来被视为英国自由的基石。其原则构成了英国民主的基础：任何人不得在没有证据的情况下受审，也不得被监禁、流放或被剥夺权利、财产，除非根据其同僚的判决或本国的法律；任何人都不得被剥夺法律程序，不得被拖延司法正义，不得被任意征税。《大宪章》在1216年和1225年进行了两次修订，并于1297年成为法律；它的九章仍在法典上。它以自由和正义为主题，在世界奉行民主的地方得到响应，它在美国1775年《独立宣言》的形成中发挥了重要作用。

《大宪章》约有40份，由不同的抄写员用拉丁文写在羊皮纸上。这些原件中有四份保存了下来：一份在索尔兹伯里大教堂，一份在林肯大教堂，两座大教堂都迎来了期待看到这些历史文件的游客，还有两份在大英图书馆展出。

位于兰尼米德的《大宪章》纪念碑,由英国建筑师和雕塑家爱德华·莫夫爵士设计,现由英国国家信托基金管理。

威尔士统治者卢埃林大帝的雕像俯瞰康威镇。

威尔士亲王的雕像

卢埃林大帝（1195—1240年在位）

威尔士曾经是一片支离破碎的土地，它的王国由独立的王子统治。13世纪时，北威尔士的一个强大王朝占据着主导地位，格温内斯王子是第一个统治全国的人。

最后一位正式的威尔士亲王是卢埃林·埃普·格鲁福德（最后的卢埃林），他的祖父卢埃林·埃普·奥尔沃斯（也被称为卢埃林·法尔-卢埃林大帝），使格温内斯成为威尔士的权力中心。

1205年，卢埃林·埃普·奥尔沃斯与英格兰国王约翰的私生女琼结婚。这位威尔士王子发起运动将他的权威扩张到南威尔士，但英格兰人试图继续控制，于1211年入侵威尔士并占领了格温内斯的大部分地区。然而，卢埃林通过与约翰国王的男爵的对手结盟，赢回了他的土地，并确保了他的地位，这些对手影响了1215年《大宪章》的签署。

1218年，英格兰已经承认卢埃林大帝控制了威尔士的大部分地区。然而，在五年内，尽管南方的许多威尔士王子继续接受卢埃林的统治，英格兰人还是迫使他撤回北方。

卢埃林大帝死于1240年，被葬在阿伯康威修道院的院子里，但他的遗体后来被转移了。据说康威城堡就矗立在卢埃林被埋葬的地方，他的遗体后来丢失了，他的石棺没有盖子，现在放于兰鲁斯特的圣吉尔斯特教堂。在康威有一座精美的卢埃林大帝雕像，这是利物浦的E.O.里菲斯于19世纪末创作的。它矗立在一座喷泉的上方，这座喷泉是为了纪念该镇引入供水系统而建造的。

卢埃林大帝的儿子格温内斯王子达菲德·埃普·卢埃林继位，在位时间1240—1246年。达菲德没有合法的继承人，当他死后，留下的领土被他的侄子卢埃林·埃普·格鲁福德和欧文·埃普·格鲁福德瓜分。但在1255年卢埃林·埃普·格鲁福德夺取了欧文的土地，并决心再次加强格温内斯对威尔士的控制。他继续着祖先的征战，为阻止英格兰人占领威尔士领土而战，但在1282年的奥温战役中遭到伏击并被杀死。这场对于英格兰人来说具有决定性意义的战役，发生在威尔士中部比尔斯韦尔斯附近的西尔梅里，那里有一座石碑标记着卢埃林最后战死的地点。

1284年，威尔士正式并入英国。同年，爱德华一世的儿子，即英国第一位威尔士亲王在卡那封城堡出生。他后来成为爱德华二世。

里奥谢思利手稿

亚历山大三世（1249—1286年在位）

亚历山大三世是大卫一世的后代，他继承苏格兰王位时还不到8岁，但在他成为国王之前，他的两个叔叔和他的父亲已经坐过这个位置。

大卫一世死后第一个继承王位的是他的孙子马尔科姆四世，他的在位时间是1153—1165年。英国国王亨利二世利用了这位少年国王，迫使他在1157年的《切斯特条约》中放弃了在英格兰北部的许多土地。马尔科姆四世的绰号是"少女"，因为他誓言要保持贞节。他24岁去世时，未婚无子，王位传给了他的弟弟威廉。

苏格兰的威廉一世在他漫长的统治时期（1165—1214年）花费大量时间努力收复失地，尽管人们认为他的绰号"狮子"很可能是因为他的旗帜上那只后腿站立的红狮，而不是因为他在战场上的英勇。他于1174年入侵英格兰，结果在诺森伯兰郡的阿尔尼克战役中战败并被俘。他被囚禁在诺曼底，但在同意接受英格兰亨利二世为苏格兰的霸主后获释。1189年，他为理查一世的第三次十字军东征慷慨解囊，买回了苏格兰的主权。

威廉一世有四个孩子，他为两个女儿支付了嫁妆，以确保她们与英格兰国王约翰的儿子们结婚，但约翰爽约了。威廉一世的独子在1214年继承了王位，成为亚历山大二世，时年16岁。

红发的亚历山大二世继续试图收复英格兰北部的失地。他支持英格兰男爵对约翰国王的叛乱，反过来，英格兰国王也威胁说要把"小狐狸崽子从他的巢穴中猎杀出来"。约翰国王死后五年，亚历山大二世与琼结婚，琼是约翰的女儿，也是英格兰国王亨利三世的妹妹。

亚历山大二世要求偿还他父亲支付的嫁妆，以及苏格兰对诺森比亚的所有权。亚历山大二世和亨利三世在1237年签署的《约克条约》，将苏格兰和英格兰的边界划定在特威德－索尔韦线上。

1249年，亚历山大二世的小儿子继位，成为苏格兰的亚历山大三世。1251年，他与亨利三世的女儿、11岁的玛格丽特结婚时，年仅10岁。这对夫妇已经订婚六年了：就像在他之前的许多英格兰国王一样，亨利三世计划控制苏格兰，但没有成功。然而，亚历山大三世与他的内兄、亨利三世的继任者爱德华一世关系良好。这位苏格兰国王统治时处于一个繁荣时期，从对外贸易的收

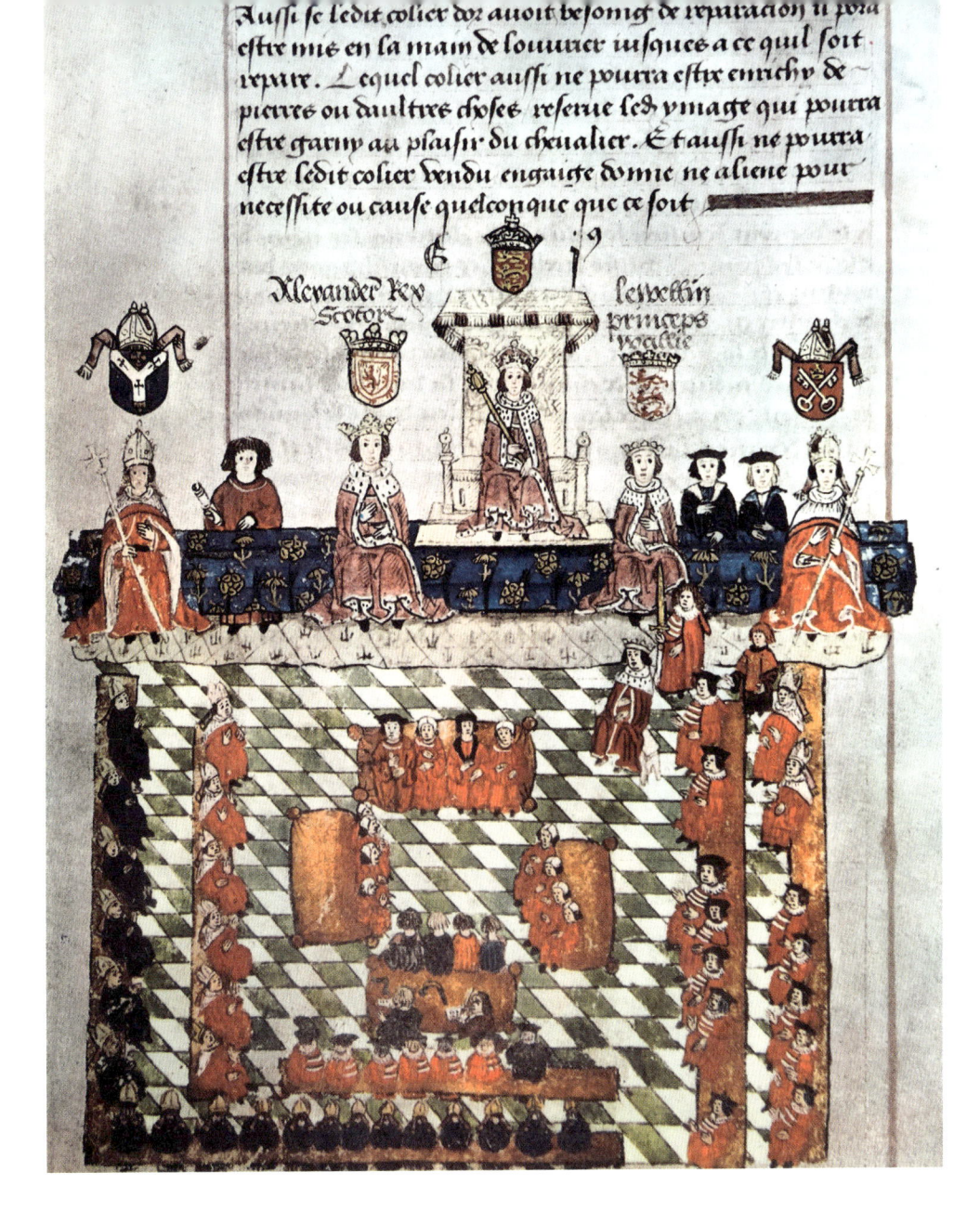

益、教堂的出现和城堡的建造中可见一斑。在1263年的拉格斯战役中，亚历山大三世从挪威手中夺回了西部群岛区。

亚历山大三世的妻子和他们的三个孩子都先他而去。他再次结婚，但没有孩子，并在1286年遭遇了戏剧性的死亡：在一个狂风暴雨的夜晚骑马外出时，他

来自16世纪的里奥谢思利手稿：苏格兰的亚历山大三世坐在他的姐夫英格兰的爱德华一世的右边；爱德华的左边是威尔士亲王卢埃林·埃普·格鲁福德（卢埃林二世）。

的马绊了一下，国王从悬崖上摔了下去。

亚历山大的继承人是他三岁的外孙女——挪威少女玛格丽特。

里奥谢思利手稿 **61**

圣殿教堂里有九尊栩栩如生的大理石雕像，有些据说是圣殿骑士团成员的坟墓。1240年在亨利三世的见证下，对圆形中殿进行了祝圣。

圣殿骑士团墓室

亨利三世（1216—1272 年在位）

位于英国伦敦市的圣殿教堂是圣殿骑士团在 12 世纪建造的新圣殿，取代了他们在霍尔本附近的旧圣殿。按照圣殿骑士团的传统，以耶路撒冷的圣墓为蓝本，圣殿教堂被设计成一个圆形建筑。它于 1185 年被祝圣，据了解这一事件是在亨利二世的见证下进行的。1240 年，他的儿子亨利三世出席了圣殿骑士团为教堂增建的新中殿的祝圣仪式。

圣殿教堂有着悠久的皇家历史。正是在 1215 年 1 月约翰国王访问这里时，一个贵族代表团要求制定自由宪章；同年晚些时候，《大宪章》签署，见证人之一是圣殿的主人，另一位见证人是彭布罗克伯爵威廉·马歇尔。1216 年约翰国王死后，国王的忠实支持者马歇尔，被任命为王位继承人的监护人和王国的摄政王。角色是必要的，因为温彻斯特的亨利，也就是约翰国王的长子，在继承王位成为亨利三世时只有 9 岁。

威廉·马歇尔备受推崇，被坎特伯雷大主教斯蒂芬·兰顿称为"史上最伟大的骑士"。1217 年，70 岁高龄的马歇尔率领国王的军队在林肯战役中取得了胜利。两年后，他在临终前被授予圣殿骑士团勋章，不久之后，他被安葬在圣殿教堂。

亨利三世长大成人，掌握了作为国王的权力，开始沉迷于欧洲政治，重用外国顾问，这得罪了英格兰贵族。1259 年，他将土地转让给法国国王路易九世，安茹帝国正式解体，只留下加斯科尼在英国人手中。前一年，不受欢迎的亨利三世被迫接受了《牛津条例》，同意建立一个由西蒙·德·蒙德福特领导的贵族议会。此人是第六代莱斯特伯爵，他娶了国王的妹妹埃莉诺。固执的国王继续对抗贵族们，导致了 1264 年的内战。这一年，西蒙·德·蒙德福特在刘易斯战役中战胜国王后，召集了一次"大议会"，其中包括来自郡和镇的代表，这个议会被视为现代议会的前身。

亨利三世是一位虔诚的国王，他对忏悔者爱德华怀有崇高的敬意，所以重建了威斯敏斯特教堂，并为他唯一的儿子取名为爱德华。正是爱德华王子（后来的爱德华一世）在 1265 年率领他父亲的军队参加了伊夫舍姆战役，在那里击败了贵族们，西蒙·德·蒙特福特被杀。

1272 年亨利三世去世时，他已经统治 56 年，成为当时在位时间最长的英格兰君主。和忏悔者爱德华一样，他在威斯敏斯特教堂也有一座精致的坟墓。

威尔士第一亲王的出生地

爱德华一世（1272—1307年在位）

爱德华一世不仅相貌英俊而且身材高大，因此有了"长腿"的绰号。他因对威尔士和苏格兰发动战争而被铭记，对后者的战争使他有了另一个绰号——"苏格兰之锤"。在威尔士，他留下了许多宏伟的堡垒，其中就有卡纳芬城堡。

威尔士王子卢埃林普·埃普·格鲁福德（最后的卢埃林）拒绝臣服于爱德华一世，并在1282年的战斗中丧生。两年后，《威尔士法令》颁布，公国正式并入英国。为了确保他的征服，爱德华一世建造了巨大的城堡，在可以通过海路增援的关键路线上占据主导位置。除了北威尔士塞恩特河畔的卡纳芬城堡，还包括弗林特城堡、博马里斯城堡、卡尔菲利城堡、康威城堡和哈莱克城堡。它们代表着英国中世纪建筑的巅峰，如今像卡纳芬城堡一样迎接游客的到来。

卡纳芬已经有了一座莫特和贝利式城堡，1283年爱德华一世开始用石头建筑取代它。来自法国萨伏伊的建筑大师圣乔治的詹姆斯负责监督它的建造，以及城墙和码头的建造。这是一项历时多年的工程。

卡纳芬城堡的建筑荣耀之一是它的三角鹰塔，当1284年爱德华一世的妻子埃莉诺王后生下一个儿子时，它只有一部分是完整的，这个儿子也取名爱德华。1301年，这个孩子（后来成为爱德华二世）在城堡里被授予威尔士亲王的称号。

爱德华二世没有将威尔士亲王的头衔授予他的儿子，他的儿子继承了王位，成为爱德华三世。爱德华三世的长子爱德华（"黑王子"）在1343年成为第二位威尔士亲王，也是第一个使用羽毛的人，从那时起，羽毛就被认定为黑王子的徽章（见第207页）；也是从那时起，这一头衔大都由君主在世的长子拥有，男性法定继承人并不会自动获得这一头衔，而必须由在位君主册封为威尔士亲王。

1911年，在英国首相威尔士人大卫·劳合·乔治的推动下，卡纳芬城堡举办了爱德华王子（后来的爱德华八世）的威尔士亲王就职仪式。1969年，爱德华八世的侄孙，20岁的查尔斯王子也在卡纳芬举行了盛大的授勋仪式，该仪式可以称得上为彩色电视直播量身定做的——这类电视直播在当时的英国还是一个相当新的现象。这次活动由玛格丽

特公主的丈夫斯诺登勋爵主持。查尔斯实际上是 1958 年被封为威尔士亲王的，是第 21 位获得这一头衔的继承人，也是拥有这一头衔时间最长的人。有六位拥有该头衔的王子在登基前就去世了。

自 1301 年起，威尔士亲王也自动成为切斯特伯爵——中世纪一个强大的伯爵爵位。虽然历史并没有这么久远，

卡纳芬城堡的鸟瞰图。爱德华一世将他的儿子册封为威尔士亲王。

但如果他是君主在世的长子，那么他的其他头衔还包括：康沃尔公爵、罗撒西公爵（威尔士亲王在苏格兰时使用的头衔）、卡里克伯爵和伦弗鲁男爵、苏格兰外岛勋爵、苏格兰王子和大管家。

王后的十字架

爱德华一世（1272—1307年在位）

这座竖立在查令十字车站外的纪念碑是为了纪念爱德华一世的第一任妻子兼配偶埃莉诺王后而建造的。

爱德华的第一次婚姻是由他的父亲亨利三世安排的一场外交婚姻，当时他还是个王子。1254年他们在西班牙举行婚礼时，男孩15岁，他的新娘埃莉诺——卡斯蒂利亚的费迪南德三世的女儿，只有13岁。

他们的结合是幸福的，他们是一对忠诚的夫妻，受欢迎的埃莉诺王后经常和她的丈夫一起旅行，甚至一起出现在军事行动中。不幸的是，他们的16个孩子中很少有人能活到成年，他们的最后一个孩子出生在1284年，是国王的继承人爱德华二世。记录显示，埃莉诺的健康状况可能在爱德华王子出生后就开始下降，十年后，有迹象表明她可能活不长了。

1290年秋天，爱德华和埃莉诺往北方旅行，他们住在诺丁汉郡克里斯顿的皇家狩猎行宫。为了配合他们的行程，爱德华一世也在那里召开议会，而不是在伦敦。议会结束后，国王和王后准备前往林肯，但他们在诺丁汉郡的哈比中断旅程，因为埃莉诺于11月28日去世了，她的丈夫陪在她身边，这对他来说是一次毁灭性的打击。

爱德华一世安排了一个从林肯到伦敦的葬礼队伍，行程约240千米。埃莉诺的遗体在林肯、格兰瑟姆、斯坦福德、格丁顿、哈丁斯通、斯托尼·斯特拉特福、沃本、邓斯特布尔、圣奥尔本斯、沃尔瑟姆、切普塞德和查令12个停靠点休息过夜。在每一个停靠点，爱德华一世都会命人建造一个石制的纪念碑以纪念他的妻子。

这些高耸的纪念碑花了几年时间才建成，每座纪念碑至少有13米高，有纹章装饰、彩绘铭文、埃莉诺王后的雕塑和华丽的建筑细节，顶部还有一个十字架。

正是在查令，当时威斯敏斯特附近的一个小村庄，竖起了最大、最华丽的十字架。十字架位于白厅的顶端，但在17世纪40年代的英国内战期间被拆毁，查理一世的雕像现在占据着这个位置。今天在查令十字火车站前看到的埃莉诺十字架是维多利亚时代的复制品，虽然它不是中世纪十字架一比一的复制品，但它有21米高，是东南铁路公司为其新开业的查令十字酒店委托建造的一座宏伟的建筑。它由建筑师 E.M. 巴里设计，由兰贝斯的托马斯·厄普建造，用波特兰石、曼斯菲尔德石和阿伯丁花岗岩制成，于 1865 年完工。

其他不少埃莉诺女王的十字架同样在 17 世纪被议员们摧毁。最初的十字架只剩下三个：其中位于北安普敦郡格丁顿的十字架由英格兰遗产委员会保管，是保存最完好的一个；还有两个保存尚好，一个在同样位于北安普敦郡的哈丁斯通，另一个位于赫特福德郡的沃尔瑟姆。

然而，最奢华的纪念物是在埃莉诺王后于威斯敏斯特教堂的长眠之地。在圣 - 爱德华忏悔者的礼拜堂里，她的坟墓装饰华丽，上面有爱德华一世心爱王后的镀金青铜雕像。

查令十字车站的埃莉诺王后十字架——维多利亚时代的复制品。

斯昆的历史石

约翰·巴里奥（1292—1296年在位）

约翰·巴里奥是最后一位在斯昆宫命运之石上加冕的苏格兰国王。他于1292年继位，当时，亚历山大三世的继承人——"挪威少女"玛格丽特去世，苏格兰的统治权出现了争议。

玛格丽特是1286—1290年未加冕的苏格兰女王。1290年的《伯厄姆协定》商定了英格兰爱德华一世的儿子和"挪威少女"之间的婚姻，后者是亚历山大三世的女儿（也叫玛格丽特，死于难产）和她的丈夫挪威的埃里克二世所生的孩子。然而不幸的是同年，七岁的"挪威少女"在从挪威前往奥克尼岛的途中死于晕船。苏格兰的坎莫尔家族随着她的离世而消亡，留下了13名竞争者争夺空缺的王位。在所谓的"伟大事业"中有两个最具实力的候选人，他们是苏格兰大卫一世的后裔：他的第五代孙约翰·巴里奥和罗伯特·布鲁斯。苏格兰贵族们邀请爱德华一世来决定这个问题，随后他宣布支持巴里奥。

巴里奥在命运之石（又称斯昆石）上加冕，遵循了由肯尼斯·麦卡尔平开创的传统。9世纪时，他将这块石头带到了斯昆，安置在麦卡尔平的继任者加冕的座位上，长达400多年。

爱德华一世从一开始就刁难约翰·巴里奥，坚持让新国王向他致敬以表明谁才是苏格兰的真正主人。英格兰国王竭尽所能羞辱巴里奥，1295年巴里奥尔进行了反叛，签署了一项条约，苏格兰与法国结成"老同盟"。爱德华一世的报复是在第二年入侵苏格兰镇压叛乱，在邓巴战役中，苏格兰人投降。在最后的羞辱中，巴里奥把他的皇家徽章从外衣上撕了下来，这一行为为他带来"空心袍子"的绰号。他被囚禁在伦敦塔中，但在1299年被释放，并获准退到诺曼底，1314年他在那里去世。

巴里奥的故事可能随着1296年的邓巴战役而结束，但命运之石的故事还在继续。爱德华一世将这块历史悠久的砂岩块作为战利品移走，并安放在威斯敏斯特大教堂。在这里，它被安置在特制的爱德华一世宝座之下，从1308年起，历届英国君主的加冕仪式都会用到它。

1996年，议会同意将这块石头归还给苏格兰。同年11月，这块石头被运到了爱丁堡城堡；在圣安德鲁日（11月30日）举行的官方交接仪式上，庆祝了这块石头抵达城堡，它与苏格兰荣誉勋章一起保存在那里。在珀斯郡斯昆

宫院内的穆特山上,一块命运之石的复制品标记着原石的位置。即使爱德华一世移走了这块石头,斯昆宫仍是后来的苏格兰国王加冕的地方。这里最后一次举行的是1651年1月1日查理二世的加冕仪式;查理二世在1649—1651年担任苏格兰国王,1660—1685年担任英格兰和苏格兰国王。

图为斯昆宫庭院里的命运之石复制品。约翰·巴里奥是最后一位在这块石头上加冕的苏格兰国王,这块原石现在与苏格兰荣誉勋章一起收藏于爱丁堡城堡里。

斯昆的历史石

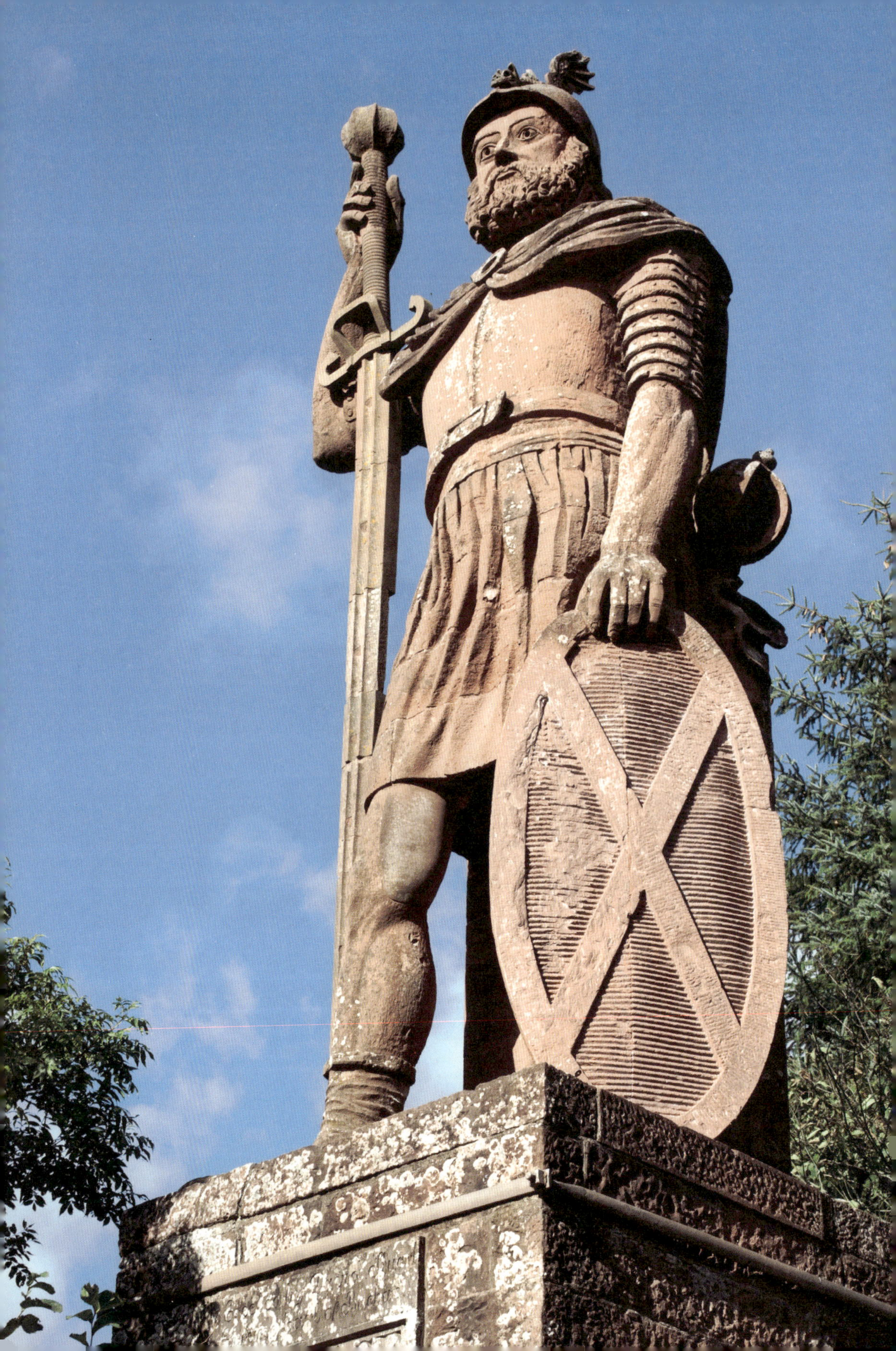

苏格兰英雄的雕像

威廉·华莱士（苏格兰护国公，1298年）

在苏格兰的德伯勒附近矗立着一座雕像，纪念一位英勇的苏格兰骑士：埃尔德斯利的威廉·华莱士。

1296年约翰·巴里奥被废黜，英格兰的爱德华一世（绰号"苏格兰之锤"）继续向苏格兰施压，迫使苏格兰臣服。1297年，爱德华一世任命英格兰贵族、第六代萨里伯爵约翰·德·瓦伦为苏格兰王国的护国公。苏格兰人对他的统治感到不满，一个来自下层贵族的无地之子威廉·华莱士，站了出来。

数以千计的人奋起加入华莱士的行列，他曾在1297年5月因谋杀拉纳克的郡长而被迫逃亡。同年9月，华莱士取得了最著名的战役：斯特林桥战役的胜利。当英格兰骑兵穿过福斯河上的窄桥时，苏格兰人采用巧妙的战术切断了他们与主力军的联系，使他们中的许多人被困。英军损失惨重，有报道称损失多达6000人。

华莱士继续领导在英格兰的掠夺性远征，并于1298年被任命为苏格兰护国公。爱德华一世对斯特林桥战役的损失感到愤怒，计划进行报复。同年，他率领军队再次入侵苏格兰，7月在福尔

苏格兰英雄威廉·华莱士的雕像，矗立在梅尔罗斯以东几千米处的德伯勒修道院遗址附近。

柯克会战中，苏格兰军队溃败。

华莱士逃跑并躲了起来，留下了两个最大的竞争对手——第二代卡里克伯爵罗伯特·布鲁斯和"红色"约翰·科明（约翰·巴里奥的红发侄子），接替他成为苏格兰护国公。

华莱士淡出了人们的记忆，直到1305年，他在格拉斯哥附近被一个忠于爱德华一世的苏格兰贵族出卖并俘获。华莱士被控叛国罪和对英格兰平民实施暴行，在伦敦威斯敏斯特大厅受审。最终，他被处以绞刑，大卸八块。肢解的身体，分别送往纽卡斯尔、贝里克、斯特林和珀斯，他的头颅被悬挂在伦敦桥上，以试图摧毁苏格兰人的反抗精神。

威廉·华莱士在德伯勒的雕像俯瞰着特威德河。它由红砂岩制成，高9.4米，由布坎第十一代伯爵大卫·斯图尔特·厄斯金委托建造，于1814年建成。在苏格兰各地还有其他几座华莱士的雕像和纪念碑，其中包括建于1860年的华莱士国家纪念碑。这座维多利亚时期的哥特式建筑坐落在一个山顶上，俯瞰着苏格兰中部的斯特林。1297年，华莱士就是在这个有利位置看到了英格兰军队在那场著名战役前的集结。

布鲁斯的著名战役

罗伯特一世（1306—1329年在位）

罗伯特·布鲁斯是第二代卡里克伯爵，也是苏格兰国王大卫一世的第五代孙。1296年，布鲁斯曾支持英格兰的爱德华一世对抗约翰·巴里奥。但在1298年，布鲁斯和巴里奥的侄子——苏格兰男爵"红色"约翰·科明，取代威廉·华莱士成为苏格兰的联合护国公。在布鲁斯和科明闹翻后，圣安德鲁斯主教威廉·兰伯顿成了第三位护国公。布鲁斯很快就辞去了他的职务，再次向爱德华一世臣服。

1305年夏天，布鲁斯和科明达成一项秘密协议，科明放弃了对苏格兰王位的争夺，转而支持布鲁斯。人们认为科明在一次背叛行为中将协议透露给了爱德华一世，使得布鲁斯险些被英格兰人抓捕。1306年2月，布鲁斯与科明在邓弗里斯的格雷夫里亚尔教堂安排了一次会面。在高高的祭坛前，布鲁斯刺死了他的对手，为此他被爱德华一世宣判有罪，并被教皇克莱门特五世逐出教会。

然而，布鲁斯宣称自己为苏格兰国王，并于1306年3月在斯昆加冕，成为苏格兰的罗伯特一世。但当爱德华一世再次进犯时，布鲁斯和他的部下被迫上山进岛，过着亡命徒的生活。当他躲在爱尔兰北部海岸拉斯林岛的一个洞穴里时，罗伯特·布鲁斯和蜘蛛的故事就发生了。传说，在绝望的时候，他看到了一只蜘蛛试图织网的过程。在经历六次失败后，蜘蛛成功了，这激励了布鲁斯为恢复国家独立而继续战斗。1307年春，他发动了一场游击战，在格伦特罗尔和劳登山的战斗中击败了英格兰军队。

1307年7月，爱德华一世去世，无能的爱德华二世继位。英格兰军队撤退，留下的城堡陆续被苏格兰人重新夺回，直到1314年，只有斯特林城堡仍在英格兰人手中。同年春天，罗伯特一世与弟弟爱德华·布鲁斯达成一致：如果英格兰人在仲夏节之前不动兵，斯特林城堡就会沦陷。爱德华二世听到这个消息后，他的军队向北进发。1314年6月，在苏格兰历史上最著名的战役之一——班诺克本战役中，规模很小的罗伯特·布鲁斯军队，以惊人的战斗力击败了爱德华二世两万多人的部队。

尽管如此，爱德华二世仍然拒绝承认罗伯特成为独立的苏格兰统治者。1320年，布鲁斯组织签署了《阿布罗

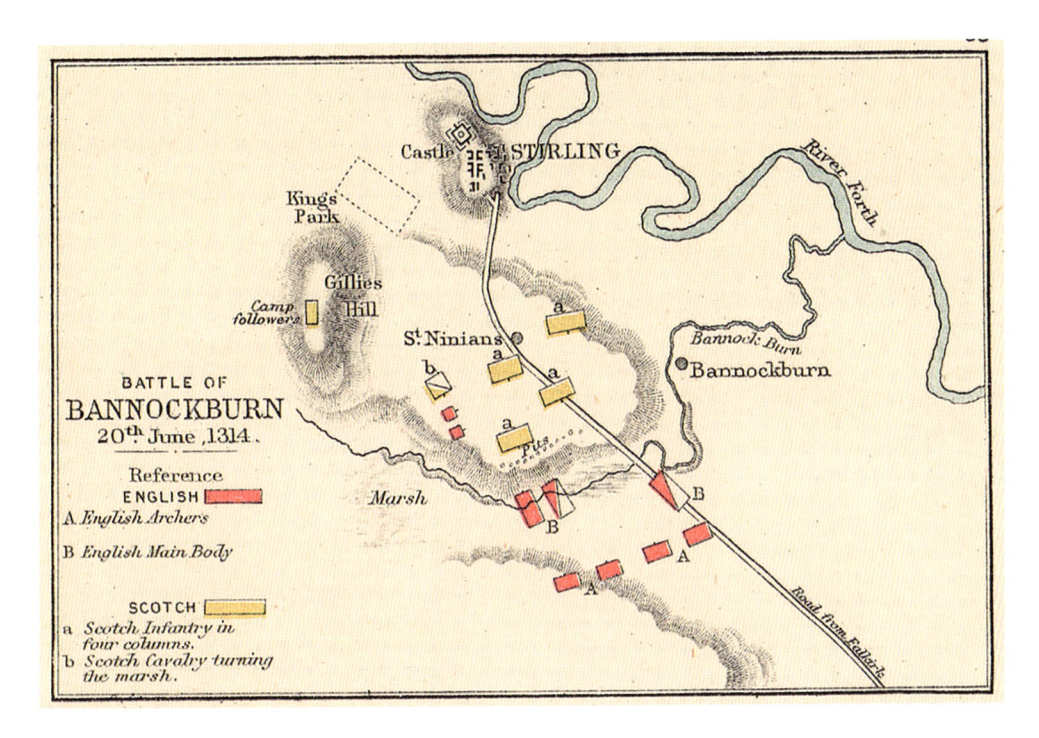

斯宣言》——确认苏格兰独立，并将宣言递交给教皇约翰二十二世。虽然教会没有立即承认苏格兰的独立主权，但他们奉劝爱德华二世罢兵言和。

1327年，爱德华二世被废黜，他的儿子爱德华三世登上英格兰王位，布鲁斯的军队不断对英格兰进行侵扰，直到爱德华三世被迫承认他是苏格兰的合法国王。1328年，始于1296年的独立战争正式结束，《北安普顿条约》最终承认苏格兰是一个独立的国家。罗伯特一世在弥留之际，嘱咐朋友詹姆斯·道格拉斯爵士将他的遗体埋葬在邓弗姆林修道院，把心脏带到圣地。但是后来，

图为班诺克本战役的地图，该战役发生在1314年6月23—24日。这张地图最初发表在1891年《加德纳的英国历史地图集》中，书中日期显示为6月20日。

道格拉斯在践行承诺的途中被杀，这颗心脏被送回苏格兰，与道格拉斯一起埋葬在梅尔罗斯教堂。

苏格兰国家信托基金的班诺克本游客中心每年都会庆祝1314年苏格兰的这次关键性胜利，中心里有一尊罗伯特·布鲁斯的骑马雕像。虽然班诺克本战役发生的确切地点存在争议，但人们认为纪念碑上标记的就是罗伯特·布鲁斯举兵出征的地方。

被谋杀的国王之墓

爱德华二世（1307—1327年在位）

爱德华二世与父亲爱德华一世相比，是个精明不足、古怪有余的君主。登基一年后，爱德华二世娶了法国国王菲利普四世的女儿伊莎贝拉为妻。虽然爱德华二世与王室宠臣皮尔斯·加维斯顿（第一代康沃尔伯爵、加斯康骑士的儿子）过于亲密的友谊在皇室和贵族圈子里引起了轩然大波，但国王和皇后还是生了四个孩子，其中最年长的孩子后来成为爱德华三世，于1312年出生。

爱德华一世耗资巨大的战争和他儿子在军事上的无能引起贵族们的抱怨，爱德华二世懒惰和奢侈的行为再次激起他们的不满。1312年，造反的贵族杀死了皮尔斯·加维斯顿。两年后，在苏格兰的班诺克本战役中，英格兰军队被罗伯特·布鲁斯击溃，爱德华二世更加蒙羞。

当休·勒·德斯彭瑟和他的儿子——国王的另外两个宠臣，在宫廷中崭露头角时，贵族们开始反叛，德斯彭瑟被革职，然后又复职，主要叛军被处决。这次事件与加维斯顿那次相似，但后果更为严重：法国国王没收了爱德华二世在法国的土地，伊莎贝拉王后厌倦了自己的丈夫，成了被流放的反叛贵族的主要人物罗杰·莫蒂默的情人。1326年，这对情人从法国抵达英国后，领导了一场针对爱德华二世的叛乱，并将德斯彭瑟父子处决。

爱德华二世的权力土崩瓦解，他被关押在沃里克郡的凯尼沃斯城堡，再没有能力治理国家，这时人们呼吁他的儿子继承王位。一份公告被送到了伦敦，宣布爱德华二世已经自愿放弃王权，他的儿子将继承王位。1327年2月1日，爱德华三世的加冕仪式在威斯敏斯特教堂举行。4月，爱德华二世被带到了格洛斯特郡的伯克利城堡（建在威尔士马尔奇地区的城堡之一），1327年9月21日，他在那里去世。几乎可以肯定他是被谋杀的：有些说法表明他是被烧红的火棍捅死的，还有些说法表明他是被闷死的。

爱德华二世的遗体被送往附近的格洛斯特，他的葬礼在圣彼得修道院（后来的格洛斯特大教堂）举行，1216年他的祖父亨利三世曾在这里加冕。爱德华二世的心脏被取出，放进一个银制匣子里，30年后，与他的妻子一起埋葬在伦敦的纽盖特教堂。

爱德华二世的葬礼非常隆重，现在

仍然可以在格洛斯特大教堂看到他精美的坟墓。他被认为是第一个拥有葬礼肖像的英国君主，画像上他戴着王冠，手持十字圣球和权杖。可能是受到圣彼得修道院修道士的鼓动，朝圣者捐款重建了修道院的部分建筑，他们把爱德华二世的坟墓当成一个朝圣的场所。有报道称在此地发生了圣迹，于是在 1395 年

图为爱德华二世在格洛斯特大教堂的华丽的坟墓。人们认为，皇家陵墓早前被安置在圣彼得修道院，修道院可能因此不会遭受来自亨利八世 16 世纪宗教改革的冲击；然而正相反，该修道院被解散，并于 1541 年成为格洛斯特新教区的主教堂。

理查二世赞成将他的曾祖父封为圣徒，但最终没有成功。

被谋杀的国王之墓

嘉德骑士团的旗帜

爱德华三世（1327—1377）

爱德华三世和他的祖父爱德华一世一样，也是一位伟大的骑士。正是他在1348年创立了嘉德骑士团，该骑士团至今仍是英国历史最悠久，且拥有最高级别骑士勋章的骑士团。爱德华三世加冕时只有14岁，所以在他统治的早期，他不得不屈从于他的母亲伊莎贝拉和她的情人罗杰·莫蒂默的摄政。但在1330年，他处决了莫蒂默，并将他的母亲送回法国。

对抗法国人和苏格兰人的战争使爱德华三世名声大噪。1329年罗伯特·布鲁斯死后，爱德华三世试图驱逐年轻的苏格兰国王大卫二世，并扶植爱德华·巴里奥为傀儡统治者。这位英格兰君主宣称自己为法国国王，导致1337年百年战争的爆发。

爱德华三世的胜利包括1340年的斯鲁伊斯海战、1346年的克雷西战役和内维尔十字战役，以及由他的儿子黑王子爱德华领导的1356年的普瓦捷战役。但是，爱德华三世统治的后半段困难重重。1348—1349年，黑死病夺走了英格兰约三分之一的人口。1360年以后，法国的战局转向对英格兰人不利的方向。1369年，他心爱的王后——海诺的菲利帕去世。1373年，爱德华三世最后一次横渡英吉利海峡，但大风阻止了他在法国登陆。到1375年，他已经老态龙钟，无力抵抗动荡的议会。1376年，他的继承人黑王子爱德华去世。

黑王子死后，他的弟弟冈特的约翰掌权。他和另一个兄弟埃德蒙·兰利作为兰开斯特家族和约克家族的创始人，为历史留下了浓墨重彩的一笔，这两个家族后来成为玫瑰战争的较量双方。当爱德华三世于1377年去世时，他的孙子波尔多的理查即黑王子的儿子，继承了王位。

尽管爱德华三世晚年存在诸多问题，但他因创立嘉德骑士团而永远受到赞誉，人们认为他创立骑士团是受到亚瑟王和圆桌骑士等骑士故事的启发。骑士团的徽章——一条镶着金边的蓝色吊袜带，戴在男性骑士的左膝下或女性骑士的左臂上，据说是在爱德华三世参加的一场舞会上产生的。国王捡起了一位女士在跳舞时掉落的吊袜带，并彬彬有礼地用法语说了句"心怀邪念者当蒙羞"（当时场面一度尴尬，有人开始嘲笑并羞辱这位女士，国王绅士地帮她解围，这句话后成为骑士团的座右铭，译者注），从而挽回了她的颜面。

骑士团的守护神是圣乔治，而位于温莎城堡的圣乔治教堂是骑士团的精神家园。在这里，每个嘉德骑士的彩色旗帜，会在已经给他们一生中单独分配的位置上展示，每年的嘉德日仪式都在这里举行。在这个充满盛况和仪式的活动中，君主——骑士团的君主，正式授予新同伴骑士团的徽章。随后，女王与身穿蓝色天鹅绒斗篷、头戴羽毛帽的骑士们一起前往圣乔治教堂，在那里举行新同伴的就职典礼。

除了在位的君主，骑士团还由皇室成员和24名骑士组成，他们当选是为了表彰他们对公共服务的贡献。

图为圣乔治教堂的嘉德骑士的彩色旗帜。骑士去世后，他们的旗帜会在高高的祭坛上展示，然后按照家属的意愿在其他地方公开或私下展示。

嘉德骑士团的旗帜

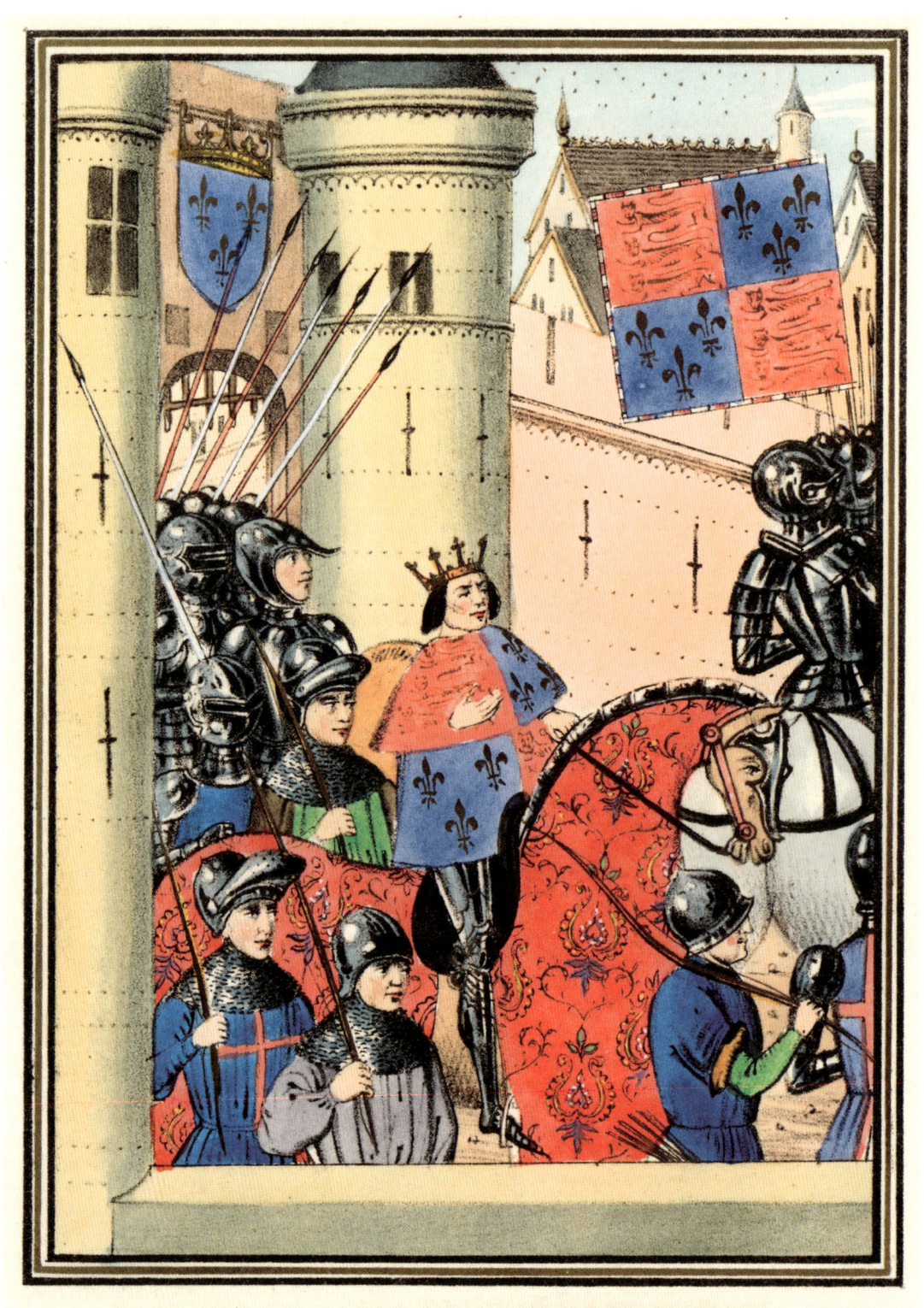

Richard IInd setting out upon his invasion of Ireland.

一位入侵爱尔兰的国王

理查二世（1377—1399 年在位）

波尔多的理查在其祖父爱德华三世去世后，于1377年作为理查二世登上王位，时年仅仅10岁。

在黑死病的余波中，欧洲的稳定仍在经受考验。1381年，14岁的理查在史密斯菲尔德对抗农民起义的过程中表现出了极大的勇气，他镇压了一支叛军。在瓦特·泰勒的领导下，饥饿的穷人为了报复1380年征收的人头税而揭竿起义。虽然农民被镇压了，但一种不安的平静弥漫开来，贵族之间也出现了内讧，导致下议院议长做出这样的预言："整个王国将永远消失，彻底毁灭，国王、上议院和下议院也将随之消失"。

理查二世继承的王位，拥有对英格兰、法国、爱尔兰和威尔士强大的军事掌控权，但他与法国和苏格兰的战争仍在持续，而且爱尔兰境内的冲突也在加剧，这个国家被分割成许多小王国，彼此的战争频发。大后方"和平"使理查将注意力转向重新确立王室在爱尔兰的领主地位上，1394年他和他的军队抵达爱尔兰，这是自1210年以来英格兰

一幅来自彩插手稿的图片显示：1394年理查二世率领骑士入侵爱尔兰，这是近两个世纪以来英格兰国王首次踏上爱尔兰的土地。

君主第一次踏上爱尔兰的土地。理查率领数千人的军队入侵，击败了东南部的爱尔兰酋长，并开始重新平衡对爱尔兰的权力掌控。但当他回到英国时，面对他的是不堪一击的局面。

那些争吵不休的贵族们促使理查宣布他不再需要他们的辅佐和支持，他开始独断专行、为所欲为。1398年，他流放了一些反对他的贵族，包括他的堂弟亨利·博林布鲁克。由于亨利是兰开斯特公爵冈特的约翰之子，这一判决使理查与他的叔叔疏远，并造成了灾难性的后果。1399年2月冈特的约翰去世后，理查开始征用冈特家族的领地。他延长了博林布鲁克在法国的流放时间，从而放松警惕，并计划在1399年5月第二次远征爱尔兰。这个决定对于他那野心勃勃的堂弟来说正中下怀，他趁理查在爱尔兰时入侵英格兰，夺取王位。

1399年8月，国王被俘，迫于压力，他向博林布鲁克让步，次月就交出了王位，他的堂兄加冕为英格兰国王亨利四世。理查最初被囚禁在伦敦塔，后来被转移到约克郡的庞特弗里特城堡，并于1400年2月在那里去世。据说他是饿死的，也有人猜测他因绝食而死。

威斯敏斯特宫的古老遗产

理查二世（1377—1399年在位）

虽然不是伟大的军事帝王，但理查二世对艺术有着洞察力和敏感性。出于对建筑的热爱，理查国王留下了伟大的遗产，其中之一就是重建的威斯敏斯特大厅，特别是建造了宏伟的锤梁屋顶。然而，威斯敏斯特大厅的历史要古老得多，它几乎是古老的威斯敏斯特宫中唯一以原始形式保存下来的部分。

威斯敏斯特大厅最初建于1097—1099年，当时威廉二世在位，创建初衷是为了打造一座能令人印象深刻的建筑。在当时，它是英国，乃至整个欧洲最大的大厅。它长度为73米、宽度为20米，石墙厚2米。内部形成一个由高耸的拱门组成的拱廊，上面悬挂着装饰性的帷幔，墙壁刷了灰泥和油漆，窗户也很大。

1189—1821年，威斯敏斯特大厅一直是举行加冕宴会的传统场所，第一次是为狮心王理查举行的，最后一次是为乔治四世举行的。虔诚的亨利三世曾在这里为贫困的臣民提供食物，包括1237年为庆祝他的妻子埃莉诺王后的加冕而举办的一场6000名穷人出席的盛宴。

最重要的是，从12世纪开始，威斯敏斯特大厅逐渐成为王国的行政中心。在此之前，在诺曼人的统治下，君主在哪里，皇家司法就在哪里，但亨利二世规定，法官应固定在一个地方办公，而不是随君主一同出行，因此到了1178年，国王不在时，他们就在威斯敏斯特大厅办公。近700年，这里一直是英国法律体系的中心。

13世纪初，以前在温彻斯特的主要国库被安置在威斯敏斯特。到1244年，财政部设在威斯敏斯特大厅旁边的一栋建筑里，一直到19世纪都在那里。

12世纪50年代，亨利三世对威斯敏斯特大厅进行了重新装修，并命人建造了伟大的国王桌、座椅和讲台。国王桌由普贝克大理石制成，用于加盖国玺等正式活动和加冕宴会等庆祝活动。它代表了皇家的力量，在被国会议员拆除之前，英国君主使用了300多年。17世纪复辟时期又制作了一张新桌子，亨利三世的大桌子的碎片于20世纪60年代在威斯敏斯特大厅的地板下被发现，且在2006年又发现了更多的碎片。

威斯敏斯特大厅最引人注目的地方依然是它的锤梁屋顶，它是由理查二世在1393年命人建造的。它复杂的结构

主要是由国王的首席石匠亨利·耶维尔和木匠休·赫兰德完成。巨大的橡木横梁作为固定在墙壁上的水平支撑，巨大的扶壁加固了墙壁，木制拱门将横梁的顶部连接起来，在大约 18 米的跨度内中央相接。最终呈现出一个宏伟的广阔的开放空间，没有一根柱子阻挡。

从 18 世纪 40 年代开始，威斯敏斯特大厅进行了大规模的修复。1834 年，

威斯敏斯特大厅的锤梁屋顶是由理查二世于 1393 年命人建造出的杰作。

它在威斯敏斯特宫的火灾中幸存下来。正是由于首相墨尔本勋爵反应敏捷，指挥消防队员用水浇灌大厅的屋顶，在旧威斯敏斯特宫的其他大部分建筑被摧毁时，拯救了它。

威斯敏斯特宫的古老遗产

一对皇室夫妇永远安息

亨利四世（1399—1413年在位）

应亨利四世的要求，他被埋葬在肯特郡的坎特伯雷大教堂，而不是威斯敏斯特大教堂。关于这一打破由亨利三世确立的皇室墓葬传统的做法，有几种说法。一种说法是，亨利四世不希望与他的前任理查二世葬在同一个地方，因为亨利把他从王位上赶了下来。另一种说法是，威斯敏斯特大教堂的圣爱德华忏悔者礼拜堂已经没有足够的空间了。可以肯定的是，亨利四世在1409年1月21日的遗嘱中明确表示，他希望葬在坎特伯雷，靠近圣托马斯·贝克特的圣地。亨利一直对这位圣人的赞美故事非常感兴趣，国王坟墓上的一块彩绘木板描绘了贝克特的殉道情景。

这座宏伟的坟墓是为亨利国王和他的第二任妻子纳瓦拉的琼建造的，琼比她的丈夫多活了14年，据说这座坟墓是王后命人建造的。墓顶上方是这对夫妇的石膏雕像，他们头戴王冠，身穿仪式长袍。亨利四世的雕像举止庄严，显示出他的帝王风范，而不是年轻时作为亨利·博林布鲁那个豪放不羁的权力追求者的形象。

亨利四世的名字取自林肯郡的博林布鲁克城堡，他于1367年在那里出生，是兰开斯特公爵、爱德华三世第三个儿子约翰的长子。亨利四世的王位是存在争议的，他恢复王国秩序的希望也是渺茫的。他统治的最初几年饱受起义的困扰，其中包括威尔士的欧文·格伦道尔领导的起义，以及英格兰北部的诺森伯兰伯爵亨利·珀西领导的叛乱等。珀西曾经支持亨利·博林布鲁克继承王位，但他对国王的统治越来越不满。亨利·珀西是一位受人尊敬的骑士，绰号"热刺"，他与苏格兰人和威尔士人联合起来对抗国王的军队，后在1403年的什鲁斯伯里战役中被杀。然而，珀西的名字不仅存在于历史书中，还出现在威廉·莎士比亚的两部戏剧中：《理查二世》和《亨利四世》的上篇。

正是在《亨利四世》下篇中，这位伟大的吟游诗人写下了那句耳熟能详的名言："戴着王冠的脑袋不安稳……"的确，亨利四世的统治是不稳定的。他被财政问题所困扰，导致与议会发生争执；他生活在对暗杀的恐惧中，并被负罪的良心所折磨。在晚年健康状况不佳的情况下，他提前让儿子，也就是王位继承人蒙茅斯的亨利（后来的亨利五世）掌控政府，但到国王1413年去世

时，这对父子的政治分歧已经导致关系紧张。亨利四世去世后，没有多少人进行哀悼。

亨利四世——唯一一位埋葬在坎特伯雷大教堂的君主——和他的王后纳瓦拉的琼最后的安息之地。

一对皇室夫妇永远安息

纪念威尔士传奇王子

欧文·格伦道尔（威尔士亲王 1400—1415）

在威尔士东北部登比郡迪谷的科文，有一座真人大小的欧文·格伦道尔雕像，虽然威尔士从1284年开始由英格兰联合统治，但有人说他是最后一个拥有威尔士亲王头衔的威尔士人。

14世纪50年代，欧文·格伦道尔出生在位于登比郡的一个庄园里。他富有的祖先在威尔士和英格兰交界处的威尔士马尔奇拥有土地和财产，从其母亲的家族血统延续来看，他是卢埃林大帝的后代。他在伦敦接受教育，并加入了英格兰军队，参加了理查二世在苏格兰和爱尔兰的战役，退役后他回到位于威尔士的庄园。

14世纪90年代末，在与英格兰王室和议会就土地和荣誉的损失发生一系列争执后，他心中埋下了叛乱的种子。1400年9月，欧文·格伦道尔组织了一场反抗亨利四世的起义，一群威尔士人的支持者称他为威尔士亲王。于是，一场持续了15年的独立战争开始了。

数百名威尔士士兵刚从法国和苏格兰征战归来，就离开英格兰军队，加入了格伦道尔的叛乱。他的名誉和声望不断提高，1404年他占领了阿伯里斯特威斯城堡和哈勒赫城堡（后者成为他的军事总部），并在马汉莱斯召开了议会。今天，欧文·格伦道尔中心就坐落在议会的原址上，据说他在那里举行了威尔士亲王的加冕仪式。

战斗仍在继续，但在1406年，随着格伦道尔在普尔梅林战役中失败，形势开始对他不利。1408年，哈勒赫城堡被英军占领，他的几位家人，包括他的妻子，被俘虏并囚禁在伦敦塔，他们于1413年死在那里。到1410年，欧文·格伦道尔已成为一名亡命之徒，被悬赏通缉。尽管如此，这个被追捕的人仍在继续着他的叛乱，并于1412年在布雷肯领导了最后一次成功的袭击。那是他的敌人最后一次看见他活着。格伦道尔从未被抓获，据说他死于1415年。他的埋葬地点不详，尽管一些传说认为他可能被埋葬在科文的圣徒玛埃尔和苏利安教堂，也可能葬于他在西查思的庄园里。

亨利四世于1413年去世，在欧文死后，威尔士人对英格兰国王的继任者亨利五世的统治几乎没有抵抗。亨利五世对威尔士人采取了更温和的态度，对起义的重要领导人给予了皇家赦免。

与亚瑟王的传说类似，据说当威尔士再次受到威胁时，他们的民族英雄欧

文·格伦道尔将会奋起捍卫它。为了纪念他，人们竖立了几座雕像和纪念碑。除了 2007 年安放在科文的雕像，在卡迪夫市政厅内还有一座与真人大小相同的大理石雕像，由首相大卫·劳合·乔治在第一次世界大战期间揭幕。

除了镇上的欧文·格伦道尔中心外，还有一块 5 米高的巨石板，位于

这尊真人大小的欧文·格伦道尔骑在马背上的铜像位于科文，是雕塑家科林·斯波福斯的作品。

Y. 普拉斯府邸，现在由马汉莱斯镇政府拥有。这块石板上刻有欧文·格伦道尔的印章，它于 2000 年 9 月 16 日揭幕，纪念他成为威尔士亲王 600 周年，那天整个威尔士都在纪念这一事件。

15世纪早期法国阿金库尔战役的手稿彩插。

英格兰在阿金库尔的胜利

亨利五世（1413—1422年在位）

亨利五世统治时期的核心是他在法国的战争。经过几年的相对和平，他重新开启了始于1337年爱德华三世统治时期的百年战争。亨利五世最引人注目的胜利是1415年的阿金库尔战役。

亨利五世于1387年出生在蒙茅斯，是亨利·博林布鲁克（亨利四世）的儿子。1398—1399年，当理查二世将他的堂弟博林布鲁克流放了几个月后，这位没有孩子的国王将小亨利从蒙茅斯带走，由他自己负责照看。理查国王在1399年的远征中带着这个男孩去了爱尔兰，并在那里给他封爵。

正如威廉·莎士比亚关于亨利五世的戏剧所描绘的那样，他是一个有点放荡不羁的青年，但作为一个国王，他有着令人信服的性格特点。他虔诚、擅长音乐、聪明，可能是第一个能够轻松用英语读写的后诺曼君主，但他也有冷酷无情的一面。尽管如此，他仍能在追随者中激发奉献精神，这些追随者后来被威廉·莎士比亚写进"兄弟团"。

加冕后，亨利五世察觉到，法国国王查理六世的软弱无能让他有机会重申金雀花家族对法国王权的掌控。1415年和1417—1418年对欧洲大陆的两次远征，使英格兰在法国的旧领土得以短暂恢复。

1415年10月25日，阿金库尔战役爆发。当年轻而充满活力的亨利国王在上午11时左右召集他的部队发起进攻时，法国人却反应迟钝。在恶劣的泥泞环境中，娴熟的英国弓箭手击败了庞大的敌军；有报告说，英国的伤亡人数只有100人，而法国的损失超过5000人。

回到英格兰后，亨利五世在前往伦敦的路上，每经过一个城镇，他的臣民都向他表示欢迎。国王于1415年11月抵达首都，这是一个值得庆祝的时刻，人们纷纷前往圣保罗大教堂观看凯旋的队伍。一位目击者称，"人群如此密集……伦敦从未聚集过如此庞大或令人印象深刻的人群……"

亨利五世的成功还在继续，1420年他会见了法国国王查理六世，并签订了《特鲁瓦条约》。然而，英格兰国王娶了查理的女儿——瓦卢斯的凯瑟琳，并确定将继承查理成为法国国王。但命运无常，亨利五世在1422年的第三次战役中死于痢疾，地点在巴黎的文森森林。他唯一的儿子和继承人还只是个婴儿：九个月大的亨利六世是有史以来最年轻的王位继承者。

莎士比亚的英雄人物哈尔王子

亨利五世（1413—1422年在位）

"亲爱的朋友们，再来一次……"这是莎士比亚的作品《亨利五世》第三幕第一场的开场白。1415年横渡英吉利海峡后，在哈弗勒尔围城外集结军队时，国王发表了强有力的演说，打响阿金库尔战役的前奏。

在沃里克郡埃文河畔斯特拉特福的班克罗夫特花园里，矗立着一座亨利五世的雕像，这是围绕着威廉·莎士比亚宏伟纪念碑的几个人物雕像之一。这座青铜和石头相结合的纪念碑于1876—1888年在巴黎建成，是英国雕塑家罗纳德·高尔勋爵的作品。它在1888年10月的一个仪式上揭幕，奥斯卡·王尔德也出席了这次活动。当时，雕像被安置在位于埃文河畔的纪念剧院（今天的皇家莎士比亚剧院的前身）南部的花园里，但在1926年一场毁灭性的大火之后，剧院重建时，雕像被移到了新的位置。

亨利五世的人物雕像展示出他是一个手持王冠的青年，雕像底座上面刻有"哈尔王子"字样，这是莎士比亚历史剧中对亨利的称呼，剧中虚构的约翰·福斯塔夫爵士是王子的同伴。在莎士比亚本人雕像的基座上，镌刻着他的几句名言，其中一句选自《亨利五世》第一幕第一场，坎特伯雷大主教所说的话："真像天使降临，举起鞭子，把犯罪的亚当驱逐出了他的心房。"

我们今天对亨利五世性格的了解往往归因于莎士比亚的作品。作为哈尔王子，他第一次出现在《亨利四世》上篇中，被描绘成一个玩世不恭、不守纪律和不负责任的年轻人；而在《亨利五世》中，作为国王，他被描绘成一个智慧且值得尊敬的战争英雄。正是由于他在法国的阿金库尔战役的胜利，构成了莎士比亚《亨利五世》的创作背景，重点讲述了战役前后的事件。

《亨利五世》是莎士比亚历史剧第二个四部曲［莎士比亚历史剧第一个四部曲分别是《亨利六世》（上、中、下）和《理查三世》，译者注］的最后一部，是继《理查二世》和《亨利四世》（上、下篇）后的又一部力作。他在1599年创作了《亨利五世》。据说，《亨利五世》是在伦敦的环球剧院（最初建于1599年）上演的第一部戏剧。虽然没有证据证明这一点，但这部剧最早有记录的演出是1605年1月7日在詹姆斯一世的白厅宫举行的。

高尔斯的亨利五世哈尔王子雕像，后边不远处是威廉·莎士比亚的雕像。

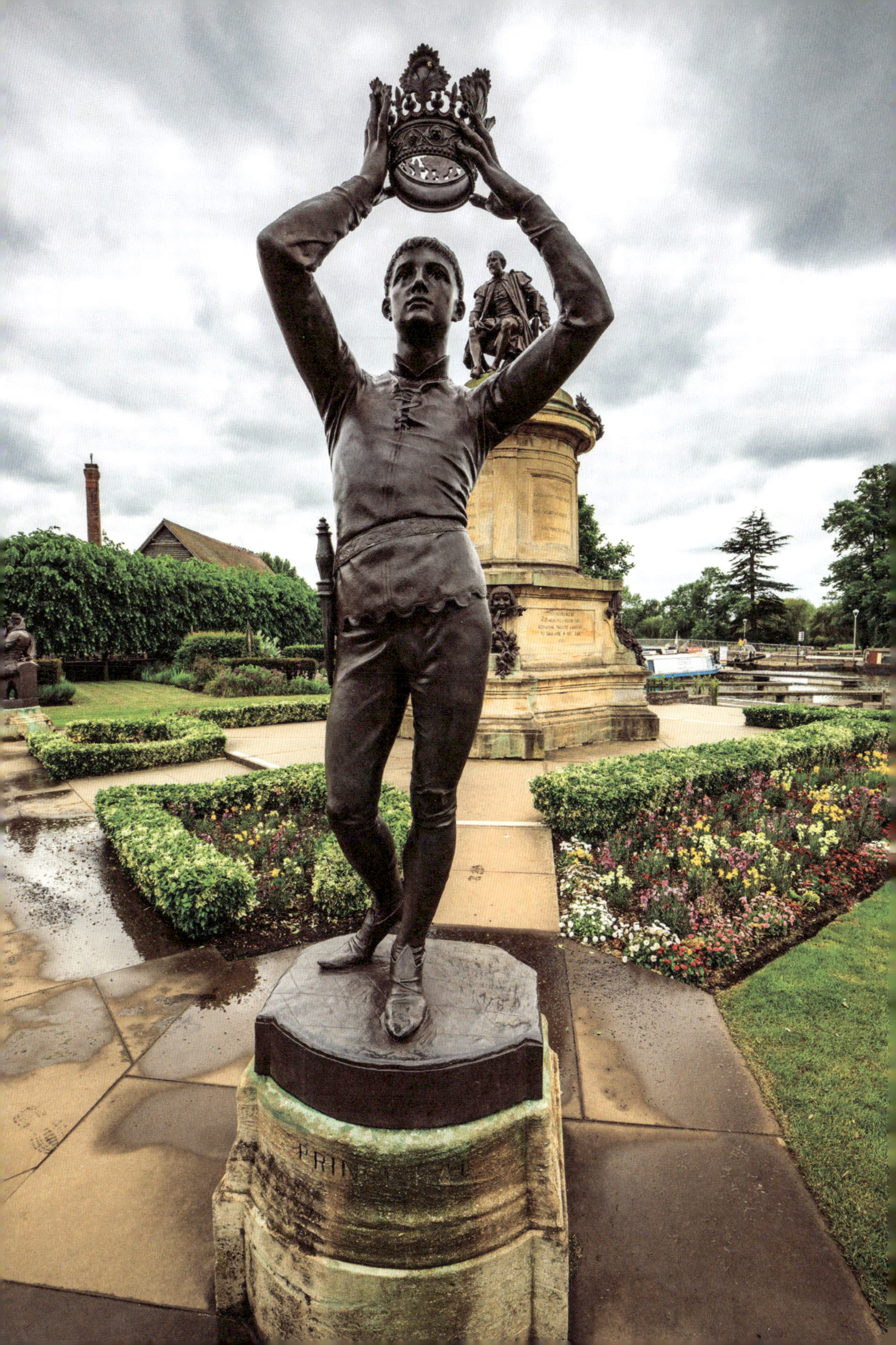

国王学院的皇家纹章

亨利六世（1422—1461年、1470—1471年在位）

在剑桥大学国王学院展出的皇家纹章是其创始人亨利六世的纹章，据说他是第一个在纹章上使用羚羊支撑盾牌图案的国王。爱德华三世首次在英国皇家纹章上采用鸢尾花的图案，代表他对法国王位的继承权。从1422年开始，当亨利六世同时作为英国和法国的国王执政时，他对自己的纹章进行了修改，更加突出了鸢尾花。

亨利六世热爱宗教和教育，这促使他在1438年创建了牛津大学的万灵学院，并在1441年创建了伯克郡的伊顿公学和剑桥大学的国王学院。五年后，国王学院礼拜堂的建设工作开始了，亨利希望它在规模和美感上都是无与伦比的；当国王在1471年去世时，它还没有完工，后继的几位君主接手了这个项目，最终在1515年亨利八世统治时期竣工。

尽管存在这些积极因素，但与他父亲亨利五世短暂而辉煌的统治相比，亨利六世的漫长统治可以说是灾难性的。他在父亲去世时只有九个月大，直到1437年，亨利六世的决定都是由摄政委员会做出的，其中包括他的几个有政治影响力的亲属：兰开斯特的汉弗莱，1414年被封为格洛斯特公爵；以及亨利·博福特主教，1426年被封为红衣主教。

1431年，根据《特鲁瓦条约》，在法国国王查理六世去世后，年轻的亨利六世得到了他父亲渴望已久的头衔，成为唯一一个被加冕为法国国王的英格兰君主。但随后，亨利却失去了他父亲在欧洲大陆上所获得的一切。法国军队已经在圣女贞德的领导下集结起来，英法战争的天平随着新的联盟而改变，1450年英格兰永远丢失了诺曼底，第二年法国又夺回了加斯科尼。

亨利六世的问题还包括他频繁的精神崩溃，这被视为一种精神错乱。他唯一的孩子爱德华王子于1453年出生，当时亨利六世正处于完全崩溃的状态。在亨利六世病重期间，他意志坚强的妻子玛格丽特王后在王国发挥着重要作用；与此同时，发挥作用的还有爱德华三世的曾孙——约克公爵理查。理查于1454年被封为护国公，很多人认为他才是王位的合法继承人。

约克公爵获得王位的契机源于一场英格兰内战：玫瑰战争始于1455年，理查的支持者约克家族与亨利六世及他那令人生畏的妻子的支持者兰开斯特家族对峙。亨利六世是这场冲突中一颗无助的棋子，1460年在北安普敦战役中被俘，1461年在约克郡的陶顿战役后被废黜，约克郡理查（死于1460年约克郡的韦克菲尔德战役）的儿子爱德华四世获得了王位。虽然亨利六世在1470年复位，但他的回归是短暂的，1471年5月4日，约克家族在图克斯伯里战役中获胜，亨利六世的儿子爱德华王子被杀。国王被囚禁在伦敦塔，并于5月21日被谋杀。尽管亨利六世是一个软弱的君主，在死后还是被非正式地尊为圣人。由于亨利六世在教育上的贡献，他的坟墓（最早在萨里郡的切特西修道院，后来他的遗体被转移到温莎的圣乔治教堂）成为朝圣之地，这种崇拜在宗教改革期间结束。

剑桥大学国王学院中亨利六世的皇家纹章。

国王学院的皇家纹章

索尔兹伯里大教堂图书馆中的一份 10 世纪的彩色插图手稿的细节。

大教堂图书馆的彩插手稿

亨利六世（1422—1461 年、1470—1471 年在位）

亨利六世是一位热爱学习的国王，他提出在威尔特郡的索尔兹伯里大教堂建造一座图书馆，"以保存属于该教会的书籍，同时也为增强人们的科学知识和美德修养"。

1445 年，在大教堂东边的回廊上建造了一座图书馆和演讲室，通过螺旋式楼梯和小石桥可以到达。亨利六世从他的皇家森林中捐赠了 30 棵橡树，用来建造图书馆的书架。

这座图书馆的起源要比 15 世纪的图书馆建筑早得多。11 世纪末，奥斯蒙德主教在大教堂的原址——老萨勒姆建立了一间文字室。索尔兹伯里大教堂至今仍保存着 60 多份在老萨勒姆创作的手稿，以及更早的手稿。这些手稿包括 8 世纪用拉丁文写的《旧约》中的一页，这是图书馆最古老的宝藏，还有 10 世纪精美的《索尔兹伯里诗篇》。

图书馆的藏书超过 1 万册，其中绝大多数是印刷品，时间可以追溯到 14 世纪 70 年代。虽然许多书籍是关于神学的，但多年来，人们已经捐赠数百本涉及各类主题的书籍。图书馆的一个独特之处在于对早期科学、数学和医学书籍的收藏，这些书籍是塞斯·沃德（1667—1689 年任索尔兹伯里主教）的遗赠，他之前是牛津大学天文学教授和皇家学会的创始成员。沃德主教要求克里斯托弗·雷恩爵士对索尔兹伯里大教堂进行了勘察，这座教堂在宗教改革和英国内战期间遭受袭击后，状况令人惋惜。雷恩 1668 年的笔记本保存在图书馆，上面记录了他的勘察结果，并建议对他所说的"巨大而壮观的建筑物"采取补救措施。

新的索尔兹伯里大教堂于 1220 年奠基，几个世纪以来，经历了多个修复项目；其中一个项目，亨利六世要求建造一个更大的礼拜堂。然而，最重要的修复工程分别是由詹姆斯·怀亚特在 1789—1792 年和乔治·斯科特爵士在 1862—1878 年进行的。从 14 世纪开始，国王的雕像就被安置在西面的壁龛中，在斯科特 19 世纪的翻新工程中，又增加了许多新的雕塑。20 世纪在西面增加的雕塑，描绘了亨利六世手持十字圣球和权杖的形象；1907 年的一篇报纸文章认为，这将"大大增加这一部分建筑的美感"。

图书馆本身在 18 世纪经历了一次重大的变化，当时人们发现它的重量对下面回廊的石质结构带来了严重的压力。图书馆最初的高度是当时的两倍，1758 年为了解决这个问题，拆除了图书馆的南部。

流亡国王的来信

爱德华四世（1461—1470年和1471—1483年在位）

1460年约克公爵理查于去世后，他那英俊迷人但又风流成性的儿子爱德华成为约克派的王位继承人。1461年，这个还不到19岁的年轻人在血腥的陶顿战役中——3月29日在暴风雪中进行的玫瑰战争中的一场关键战役，取得了胜利并立即从亨利六世手中夺取了王位。三个月后，他以爱德华四世的身份在威斯敏斯特教堂加冕。当时的一位编年史家记载，按照理查二世统治时期的惯例，在加冕宴会上，"国王的冠军骑士全副武装骑马进入威斯敏斯特大厅，甩下战袍，向任何质疑爱德华权利的人提出挑战，与他进行战斗"。

爱德华四世对王位的渴求，得到了他的表兄沃里克伯爵理查·内维尔的支持。沃里克被称为"造王者"，他是当时英国最富有、最有权势的人之一。沃里克正在与法国谈判结盟，并计划让爱德华四世和一位法国公主结婚——为此沃里克将得到丰厚的回报。但在1464年，爱德华秘密地娶了寡妇伊丽莎白·伍德维尔为妻，她是一位来自下层贵族的非常漂亮的女人。她在第一次婚姻中已经有了两个孩子，并试图通过婚姻增加她那渴望权力的家族的财富。

爱德华四世和他的表兄之间的关系开始恶化，沃里克改变了对兰开斯特家族事业的效忠。复仇心切的沃里克得到了法国人的支持，并在1469—1470年策划了一场叛乱，短暂地恢复了被废黜的亨利六世的君主地位。历史重演，爱德华四世像他的前任一样被流放。1471年1月9日，他从圣波尔写信给布列塔尼公爵弗朗西斯二世，告诉他自己住在勃艮第公爵查理的宫廷里，并请求他帮助收复王国。几个月后，爱德华四世回到了英格兰，后来皇家历史学会的一份出版物报道称："在1471年的恩典之年……我们的君主爱德华四世受到上帝的恩泽，成为英格兰、法国和爱尔兰的领主……（收复了）他的英格兰领地，当时被亨利，即亨利六世篡夺和占领"。

爱德华四世于4月11日抵达伦敦。三天后，他和沃里克在赫特福德郡的巴内特战役中发生冲突：沃里克被杀，亨利六世被俘并被谋杀，爱德华四世重新登上王位。在计划入侵法国后，复辟的国王得到了法国人的丰厚报酬。有了皇家国库的偿付能力，爱德华四世安稳地统治了接下来的12年。

爱德华四世和不同的情妇生有几

个私生子。他和伊丽莎白王后有十个孩子,其中七个活到了成年,包括两个男孩。当国王于1483年去世时,他的继承人爱德华五世只有12岁,而他的另一个儿子,约克公爵理查才九岁;在一旁伺机而动的是他们那陷入深思的叔叔:格洛斯特公爵理查。

1471年1月9日,流亡的爱德华四世写给布列塔尼公爵弗朗西斯二世的信。

塔中王子

爱德华五世（1483年在位）

爱德华四世有几个兄弟姐妹活过了童年，包括三个弟弟：拉特兰伯爵埃德蒙、克拉伦斯公爵乔治和格洛斯特公爵理查。埃德蒙死于1460年；乔治娶了沃里克伯爵的女儿伊莎贝尔·内维尔为妻，与哥哥爱德华四世关系不佳，1478年他因叛国罪在伦敦塔被处决，有传言说他被淹死在酒桶里。

爱德华四世最小的弟弟是格洛斯特公爵理查，爱德华四世在去世前任命他为王国的保护者。1483年4月，爱德华四世出人意料地去世，年仅40岁，理查立刻夺取了权力，并迅速将他的侄子爱德华五世从伍德维尔家族的手中夺去。他把男孩护送到伦敦，把他关进了伦敦塔，那是当时的皇家住所，也是监狱。一个月后，这位无冕之王的弟弟，约克公爵理查也来到了那里。几天之内，教会和议会宣布爱德华四世与伊丽莎白·伍德维尔的婚姻不合法，因为他已经与另一个人订立了婚约，因此他们的孩子是非法的。格洛斯特的理查——爱德华三世的曾曾孙，于1483年6月26日被宣布为合法的英格兰国王，并继承王位成为理查三世。

据报道，有人看到理查三世的两个年幼的侄子在伦敦塔的花园里玩耍，最后一次是通过一扇有栅栏的窗户瞥见的。意大利编年史家多米尼克·曼奇尼曾在1482—1483年担任爱德华四世宫廷的外交官，他写了一份报告，记录了他的所见所闻，也可能是通过谣言听到的情况。他认为男孩们已经被转移到白塔，那里关押着皇家囚犯，他写道："他们被转移到白塔的内室，越来越少地出现在铁栅栏和窗户后面，直到最后完全消失。现在有人怀疑他们已经被害"。

孩子们再也没有出现过，很可能是在1483年秋天被谋杀的。1674年，在白塔的一个楼梯下发现了一个木箱，里面装着两具人骨，人们猜测这是王子们的遗骨。在查理二世的命令下，遗骨被重新安葬在威斯敏斯特教堂。1933年的法医检查表明，他们是两个大约10—12岁男孩的遗骸，但最近的报告质疑这些发现可能存在缺陷。

虽然这对年轻兄弟的命运从未得到证实，但理查三世仍然是主要嫌疑人，不过其他人也有作案动机。其中包括亨利·都铎（他的父亲爱德华·都铎是亨利六世同父异母的兄弟）和白金汉公爵亨利·斯塔福德（爱德华三世的另一个曾曾孙），他们都觊觎王位。伦敦塔中的王子们到底遇到了什么，至今仍然是个谜。

《1483年塔中的两位王子爱德华和理查》,这幅由英国艺术家约翰·埃弗雷特·米莱斯爵士(1829—1896)创作的19世纪的画作,收藏于萨里郡埃厄姆的伦敦大学皇家霍洛威学院。

驼背国王的坟墓

理查三世（1483—1485年在位）

一些历史学家认为理查三世是个恶魔，他的手上沾满了他侄子爱德华五世和约克公爵理查的鲜血；另一些人则认为他受到了很大的诋毁，他当然也有阴暗的一面，为达到自己的目的不惜使用暴力，1471年亨利六世被谋杀时他可能也在场。

但理查三世也有好的一面，对他珍视的人表现出忠诚、善良、慷慨。理查于1452年出生于北安普敦郡的福瑟林海城堡，1461年被封为格洛斯特公爵，在约克郡的米德勒姆城堡度过了一段童年时光，在"造王者"沃里克伯爵理查·内维尔门下接受骑士训练。1472年，他娶了沃里克的女儿安妮·内维尔为妻。她之前嫁给了亨利六世的儿子爱德华王子，1471年爱德华在图克斯伯里战役中被杀后，她成了寡妇。第二段婚姻给她的新丈夫带来了土地和财富，理查三世在英格兰北部特别受人尊敬。

然而，理查三世在位的时间很短暂，而且多灾多难。1483年，他战胜了由前盟友白金汉公爵领导的叛乱；他唯一的儿子爱德华死于1484年，年仅10岁；他的妻子在1485年3月去世。到了夏天，有传言说理查三世打算迎娶他的侄女约克的伊丽莎白，以巩固他对王位的控制。与此同时，他意识到，海峡对岸的亨利·都铎正在计划入侵。8月7日，亨利在威尔士的米尔福德港登陆；而理查三世则在诺丁汉，一个对抗侵略者的绝佳位置。

他们在莱斯特郡的博斯沃思战场相遇，1485年8月22日，理查三世在那里英勇战死。一个新的王朝——都铎王朝，夺取了王位。只是在理查三世死后，这位金雀花王朝的最后一位国王才开始被刻画成"驼背暴君理查"。

国王的遗体在没有举行任何仪式的情况下，被葬在莱斯特的格雷修士教堂，这座教堂在1538年解散修道院期间被拆除。2012年，理查三世协会、莱斯特大学和莱斯特市议会开展了一个联合项目，寻找他的遗骸。同年9月，在老修道院遗址处建造的一个停车场的下面，挖掘人员发现了一具骨架。人们使用许多不同的科学方法来鉴定遗骸，并在2013年2月证实了这些骨头就是理查三世的。

2015年3月，国王的遗骸被送往莱斯特大教堂并重新安葬在那里。安葬仪式由莱斯特主教蒂姆·史蒂文斯和坎

莱斯特大教堂里的理查三世墓。

特伯雷大主教贾斯汀·韦尔比主持，皇室成员参加了仪式。

他的遗骨躺在一个铅衬里的橡木棺材中，安葬在大教堂的地下墓室里。在地面上一个凸起的大理石底座上有一块简单的墓碑，由北约克郡的斯瓦莱代尔化石制成，上面深深地刻着一个十字架。底座上有理查国王的纹章，并刻有他的名字、日期和座右铭："忠诚束缚着我"——这是理查国王年轻时选择的座右铭，巩固了他和哥哥爱德华四世之间的忠诚关系。

莱斯特还有理查三世游客中心。它于2014年在老格雷修士教堂的旧址上对外开放，向世人揭示了这位君主引人入胜的故事和关于他遗骸的考古发现。

驼背国王的坟墓 **99**

悲剧的扉页

理查三世（1483—1485年在位）

在艺术和文学的世界里，理查三世经常被描绘成跛脚和驼背的形象。这种形象化的描述似乎始于亨利·都铎在1485年取得博斯沃思战役的胜利后，并在都铎王朝时期继续得到推广。

威廉·莎士比亚的戏剧《国王理查三世的悲剧》（简称《理查三世》）并没有消除对他这种形象的说法。该戏剧创作于1592—1594年，并于1597年出版，是莎士比亚第二长的戏剧，仅次于《哈姆雷特》。它是《亨利六世》（下篇）中描述的事件的延续。在第一幕第一场的开场白中，有著名的独白"现在，我们严冬般的宿怨，被约克的红日照耀成为融融的夏景"，此时理查（作为格洛斯特公爵）在哀叹自己的身体状况：

"我既被卸除了一切匀称的身段模样，欺人的造物者又骗去了我的仪容，使得我残缺不全，不等我生长成形，便把我抛进这喘息的人间，加上我如此跛跻，满叫人看不入眼，甚至路旁的狗儿见我停下，也要狂吠几声……"

在第一幕第三场中，亨利六世的遗孀玛格丽特王后称理查三世为"有毒的驼背癞蛤蟆"。事实上，他的背部并不驼，只是右肩比左肩高，这是在2012年他的骨架出土时发现的。这种轻微的畸形是由脊柱侧弯引起的。

《理查三世》中另一句同样经典的莎士比亚名言出现在剧终。在第五幕第四场，几名替身装扮成国王的敌人里士满伯爵（亨利·都铎）被派往战场。理查三世杀死了他们中的五人，但没有杀死里士满伯爵本人。理查三世失去了他的战马，马是中世纪战场上的一个重要组成部分。理查三世的盟友威廉·凯茨比试图帮助他那受挫的主人。

理查国王：一匹马，一匹马！我的王位换一匹马！

凯茨比：后退一下，我的君主；我来扶您上马。

理查国王：奴才！我已经把我这条命打过赌，我宁可孤注一掷，决个胜负。我以为战场上共有六个里士满呢；今天已斩杀了五个，却没有杀死他。一匹马，一匹马！我的王位换一匹马！

在莎士比亚的世界里，这是国王被杀前说的最后一句话。随着他的死，玫瑰战争结束了。英国有了一位新国王：亨利七世。

THE TRAGEDY OF King Richard the third.

Containing,
His treacherous Plots against his brother Clarence:
the pittiefull murther of his iunocent nephewes:
his tyrannicall vsurpation: with the whole course
of his detested life, and most deserued death.

As it hath beene lately Acted by the
Right honourable the Lord Chamber-
laine his seruants.

AT LONDON
Printed by Valentine Sims, for Andrew Wise,
dwelling in Paules Chuch-yard, at the
Signe of the Angell.
1597.

威廉·莎士比亚的《国王理查三世的悲剧》，1597年出版的第一部四开本的扉页。在1623年出版第一部对开本之前，有一半的莎士比亚戏剧最初是以四开本的形式出版，四开本指的是印刷纸张的大小。莎士比亚第一部对开本出版物是在他死后7年出版的，其中收录了他所有的36部戏剧。

在玫瑰战争的最后一场战役中,理查三世失去了王冠,亨利七世获得了王冠,在博斯沃思战役遗产中心的日晷上标明了战场信息。

纪念博斯沃思战役

亨利七世（1485—1509年在位）

在莱斯特郡博斯沃思市附近萨顿切尼的安比昂山，是博斯沃思战役遗产中心和国家公园，2010年在那里揭幕了一个顶部有皇冠的日晷。它是为了纪念博斯沃思战役而建造的，在这次战役中亨利·都铎取得了胜利。

日晷上的铭文讲述了这场血腥的战争，它摘自亨利七世宫廷的意大利编年史家波利多·维吉尔的著作。日晷标明了罗盘的各点以及与玫瑰战争中其他战场的距离。外侧表盘周围有三个宝座，上面分别标有理查三世、里士满伯爵亨利·都铎和斯坦利勋爵托马斯的名字。

这场持续了32年的冲突，即"玫瑰战争"，以英格兰王冠为战利品——约克家族和兰开斯特家族都认为这是他们作为爱德华三世后代应该享有的权利。

1485年8月22日，亨利·都铎在博斯沃思战役中获得胜利并戴上王冠。虽然这两支军队势均力敌，但有一股力量决定了这场战争的胜负——来自北方的军队，由斯坦利勋爵托马斯和他的兄弟威廉率领。斯坦利勋爵是亨利·都铎的继父，也是理查三世的宿敌。在战斗开始前，理查三世劫持了斯坦利的一个儿子作为人质，并威胁说如果斯坦利的士兵不帮助约克家族，就会处决人质。那天晚些时候，斯坦利做出了决定，命令他的手下攻击理查三世。

理查国王英勇作战，但当他倒下时没有选择逃跑，从而被杀；甚至他的敌人都说他死得很英勇。传说他的王冠——一个冠冕，斯坦利勋爵从山楂树丛中取下，戴在了亨利·都铎的头上，非正式地宣布他为亨利七世国王，都铎家族的第一位统治者。

亨利七世下令剥去理查三世尸体上的衣服，绑在马背上，带到莱斯特游街示众和进行羞辱。25年前理查三世的父亲约克公爵也有同样遭遇，当他在韦克菲尔德战役中战败后，头颅被砍下，上面戴着一顶纸质王冠，被插在约克城门上方的柱子上。又过了两天，理查三世的遗体才被运到莱斯特的格雷修士教堂安葬。

屡获殊荣的博斯沃思战役遗产中心通过互动展览，讲述了玫瑰战争中的最后一场冲突。遗产中心位于一个国家公园内，是通往历史战场的门户，游客可以沿着博斯沃思战役的路线，参观与该事件相关的地标。

玫瑰窗

亨利七世（1485—1509 年在位）

漫长的玫瑰战争的结束以及两个交战派系——兰开斯特家族（其标志是红玫瑰）和约克家族（其标志是白玫瑰）的联合，在约克大教堂宏伟的玫瑰之窗中得到纪念。

亨利·都铎（后来的亨利七世），于1457年1月出生在兰开斯特家族。他的父亲——里士满伯爵埃德蒙·都铎，在他出生前两个月去世了。他的母亲是玛格丽特·博福特，按照她的家族血统来看，亨利是冈特的约翰的后裔、曾曾孙。

1483年，虽然亨利·都铎对获得王位尚不乐观，但他承诺，当他登基时会迎娶爱德华四世的女儿约克的伊丽莎白为妻。1485年，他在博斯沃思战役中获胜，成为亨利七世，这个诺言得到兑现，他们在第二年结婚了。他们的婚姻使那些曾在玫瑰战争中分裂英格兰的家族团结在一起，并见证了一个新的徽章的诞生：都铎玫瑰，它结合了兰开斯特玫瑰和约克玫瑰。

亨利七世的政府谨慎且审慎，财政稳定，其外交政策虽不具冒险性，但在商业上却很有利。亨利凭借强硬手腕，成功地镇压了两个觊觎王位的人：第一个是1487年约克派系叛乱中的兰伯特·西梅尔；第二个是珀金·沃贝克，他在15世纪90年代有几次行动，最后一次是在1497年。

亨利七世在位24年，使他的王国恢复了渴望已久的和平与安全。他和妻子生有七个孩子，只有三个活到了成年。他们的长子亚瑟死于1502年，年仅16岁；1503年，伊丽莎白女王诞下一个女儿；几天后她去世了，这个女儿也夭折了。亨利七世伤心欲绝。尽管他身体不好，但他又活了九年。亨利七世和他的王后一起被埋葬在威斯敏斯特教堂的女士礼拜堂里，在一个宏伟的墓室下的地下墓穴里，他是第一个被埋在地下而不是地上墓室的君主。

在这对皇室夫妇的幸福婚姻期间，约克大教堂的玫瑰窗应运而生，彩绘玻璃镶嵌在13世纪的古老石雕上。从南中庭的主入口上方看，它是约克和兰开斯特家族联合的象征。1984年，闪电引起南中庭屋顶的火灾，玫瑰窗的玻璃碎裂，但仍留在原地，经工匠们的修复，最终恢复了往日的光彩。

约克大教堂的玫瑰窗，为了庆祝玫瑰战争结束后约克家族和兰开斯特家族的联合。

玫瑰窗

苏格兰国王纪念碑

詹姆斯四世（1488—1513年在位）

1513年9月，诺森伯兰郡发生了弗洛登战役。成千上万的人卷入了这场苏格兰和英格兰之间有史以来最大的冲突，英格兰成为胜利者。双方损失惨重，但苏格兰人损失更大，死者中包括苏格兰的詹姆斯四世。

詹姆斯四世来自斯图亚特家族，该家族是在1371年罗伯特二世成为国王后才出现的。前一个苏格兰王室来自布鲁斯家族，只有两个国王统治过：罗伯特一世（布鲁斯的罗伯特）和他的儿子大卫二世，后者在1329—1371年在位，但没有留下继承人。他死后，王位传给了罗伯特·斯图亚特，即布鲁斯的罗伯特之女玛乔丽和她丈夫沃尔特·斯图亚特的儿子。斯图亚特家族的名字来自沃尔特的世袭头衔，他曾在大卫一世时期担任过苏格兰的皇家大管家。罗伯特·斯图亚特加冕为罗伯特二世时已经64岁，与他的前任不同，他有一个庞大的家族，在1384年，当他78岁的时候，法令规定他的长子卡里克伯爵约翰·斯图亚特，作为苏格兰的监护人代表他进行统治。当罗伯特二世于1390年去世时，约翰成为国王，但改变了统治名称，以罗伯特三世的身份进行统治。

罗伯特三世被他那强势的弟弟奥尔巴尼公爵盖过了风头，也许奥尔巴尼公爵应该为罗伯特三世的长子兼继承人大卫的死负责。1404年，为了保护次子詹姆斯不受诡计多端的奥尔巴尼的伤害，罗伯特三世计划把这个十岁的男孩送到法国，但在途中被英格兰海盗抓获。詹姆斯被囚禁了18年，在此期间，他的父亲于1406年去世，苏格兰议会正式承认12岁的他为苏格兰的詹姆斯一世。然而，由于詹姆斯被囚禁，奥尔巴尼以苏格兰总督的身份统治着苏格兰，直到1420年去世，奥尔巴尼无能的儿子默多克继承了这一身份。

在支付了赎金后，詹姆斯一世终于在1424年获释。同年，他在斯昆加冕，逐渐恢复了人们对君主制的尊重。但是，那些想要罗伯特二世第二任妻子所生的儿子沃尔特继承王位的阴谋家，在1437年暗杀了詹姆斯一世。

1437年，詹姆斯一世的儿子詹姆斯二世在荷里路德教堂加冕时还是个孩子，这次加冕结束了自肯尼斯·麦卡尔平时代以来一直在斯昆举行加冕的传统。1460年，支持亨利六世的詹姆斯二世在玫瑰战争中被杀。他的儿子詹姆斯三世继承王位时也是未成年，直到1469年，苏格兰一直由摄政王统治。詹姆斯三世是一个软弱的国王，他的双性恋行为激怒了苏格兰的贵族，他们团结起来支持他15岁的儿子——也是詹姆斯，成为国王。1480年，在斯特灵附近的索希耶本战役中，这对父子站在了彼此的对立面，最终詹姆斯三世丧生。

詹姆斯四世不情愿地参与了父亲的死亡，他在余生中，腰上一直戴着一条铁链，以示忏悔。尽管他支持觊觎英格兰王位的约克家族成员珀金·沃贝克，反对亨利七世，但他还是在1503年娶了亨利七世的女儿玛格丽特·都铎为妻。

苏格兰在詹姆斯四世统治时期取得了巨大的进步：印刷术传入苏格兰；建筑业蓬勃发展；爱丁堡皇家外科院成立；有组织的海军建立起来。但他的统治注定要以悲剧收场。受"老同盟"的约束，詹姆斯四世支持法国人，所以在他的小舅子亨利八世于1513年6月入侵法国后，苏格兰国王入侵了英格兰。在1513年一个潮湿多风的秋日，在弗洛登的战场上，深受爱戴的苏格兰国王詹姆斯四世失去了生命。他是最后一位死于战场的苏格兰君主。

诺森伯兰郡布兰克斯顿山上的一个花岗岩十字架，是为纪念在1513年9月9日弗洛登战役中牺牲的人而竖立。这座纪念碑建于1910年，上面刻着"献给两国的勇士"。

苏格兰国王纪念碑

金帛盛会

亨利八世（1509—1547年在位）

亨利八世的主要野心之一是与欧洲最重要的领导人——法国国王、西班牙国王和神圣罗马帝国皇帝相抗衡。金帛盛会是亨利八世和法国的弗朗西斯一世之间一次壮观而奢华的会面。这次会面是由具有政治影响力的红衣主教托马斯·沃尔西提出的，他是亨利八世的大法官，他在汉普顿宫的家中为庆祝这次活动进行了大量精心的策划。

1520年6月，亨利八世横跨英吉利海峡，参加了在阿德尔和英国控制的吉讷之间的巴兰盖姆举办的活动，历时17天。本次活动的正式目的是巩固欧洲主要国家为寻求持久和平而签署的《伦敦条约》；事实上，它允许君主们通过炫目的财富展示来打动对方。一座为亨利国王建造的用木头和帆布搭建的亭子，上面挂满了装饰华丽的布帘，形成独立的房间，包括皇家私人公寓和一个小教堂。这些日子开展了各种娱乐活动：国王们参加的比武和射箭比赛、戏剧表演、舞蹈和宴会，可以说是热闹非凡，就连喷泉中都流淌着葡萄酒。这次活动似乎取得了巨大的成功，但良好的关系并没有持续下去。

在亨利八世统治期间，他在法国的战役收效甚微，却耗费了他父亲精心积累的财富。作为亨利七世的次子，当亨利王子于1491年出生时，人们并没有指望他成为国王。但在1502年，他16岁的哥哥亚瑟王子去世了，在父亲1509年去世后，亨利继承了王位。年轻的亨利八世呈现出一副光彩夺目的形象：健硕、

聪明，是一位有才华的学者、神学家、音乐家和诗人。他对船只和枪支非常着迷，把海军变成了一支强大的力量。教皇授予他"信仰捍卫者"的称号，以回应新教徒马丁·路德对教会的批评。

但亨利最强烈的愿望是希望有个儿子来延续都铎王朝的血统。

一幅约 1545 年创作的油画《金帛盛会》，它是英国皇家收藏品，在汉普顿宫展出。在图的左下方，可以看到亨利八世骑在马背上。

这幅画中的人物是1525年阿拉贡的凯瑟琳，此画作是已知最早的英国肖像画之一。它是佛兰德艺术家卢卡斯·霍伦布特的作品，他被聘为亨利八世的宫廷微型画师。

六位妻子中的第一位

亨利八世（1509—1547年在位）

亨利八世在1509年继承王位后不久，就迎娶了他哥哥亚瑟的遗孀——阿拉贡的凯瑟琳。1510年，他们的第一个孩子胎死腹中；但亨利八世在1511年元旦开心地迎来了一个儿子，不幸的是这个孩子不到两个月就夭折了。凯瑟琳又给国王生了四个孩子，其中只有玛丽（生于1516年）活了下来。

1519年，亨利八世的情妇伊丽莎白·布朗特生下了一个儿子亨利·菲茨罗伊。虽然是私生子，但这个孩子的姓氏在诺曼法语中意为"国王的儿子"，说明亨利八世公开承认他是自己的儿子。这个孩子六岁时被封为里士满和萨默塞特公爵。

国王渴望有一个合法的继承人，他认为凯瑟琳没能生下一个生龙活虎的儿子是因为他们的婚姻在上帝眼中是无效的。亨利八世还迷恋上了他妻子的一个侍女安妮·博林。他要求解除他的婚姻，但教皇克莱门特八世拒绝了。尽管如此，国王和安妮·博林还是在1533年1月结婚了。同年5月，新任命的坎特伯雷大主教托马斯·克兰默宣布国王与凯瑟琳的婚姻无效。

亨利八世与教皇的冲突以及与罗马教廷的最终决裂促使了1534年《至尊法案》的颁布，它确立了国王作为英格兰教会的最高领袖的地位，标志着英国宗教改革的开始。该法案产生了重大影响，其中影响最大的是解散修道院（1536—1540年），修道院的财富也被转移到了国库。

1533年9月，安妮·博林生下了女儿伊丽莎白。接下来的两次怀孕都以流产告终，1536年安妮因通奸罪被斩首。亨利八世的下一个新娘是简·西摩，她在1537年给亨利生下了渴望已久的儿子——爱德华，但不到两周，简就死于产褥热。三年后，出于外交考虑，国王娶了克里维斯的安妮，但这段婚姻中两人未有夫妻之实，并在六个月后和平分手。几天后，亨利八世娶了凯瑟琳·霍华德作为他的第五位皇室新娘，她没有给国王生下孩子，1542年，她也因通奸罪被处决。亨利八世的最后一次婚姻是在1543年，对方是个寡妇——凯瑟琳·帕尔。凯瑟琳王后比1547年去世的国王更长寿，虽然他们没有孩子，但她是一位慈爱的继母。

亨利八世留下了三个孩子来继续都铎王朝的命运，但其中只有一个儿子。国王死后被安葬在温莎的圣乔治教堂，旁边是简·西摩，许多历史学家认为她是他最爱的妻子。

斯图亚特国王的喷泉

詹姆斯五世（1513—1542年在位）

林利思哥宫庭院里华丽的三层喷泉是为苏格兰的詹姆斯五世而建造的，他于1512年在这里出生。15世纪20年代，爱德华一世（"苏格兰之锤"）建造的一所14世纪的庄园在一场大火中烧毁，詹姆斯五世的曾曾祖父詹姆斯一世开始在这里建造一座新宫殿。其实自12世纪大卫一世统治以来，这里就一直是皇家住所，而且大卫一世建立了围绕它发展起来的城镇。

林利思哥宫位于西洛锡安的林利思哥湖畔，是王室成员往返爱丁堡城堡和斯特灵城堡的完美驿站，也是几位斯图亚特国王最喜欢的住所。詹姆斯四世和詹姆斯五世都对宫殿进行了扩建，詹姆斯六世亦是如此，最终形成了一座围绕中央庭院的令人印象深刻的四边形建筑。虽然在1603年詹姆斯六世将他的皇家宫廷迁至伦敦后，这座建筑开始年久失修，宫殿（现在由苏格兰历史环境局保护）已成一片废墟，但包括庭院在内的遗迹仍然是一道壮丽的风景。

1513年，詹姆斯五世在父亲詹姆斯四世去世后在斯特灵加冕，当时他还只是个婴儿。他的母亲玛格丽特·都铎一直是摄政王，直到她嫁给了第二任丈夫——第六任安格斯伯爵阿奇博尔德·道格拉斯；之后，第二任奥尔巴尼公爵约翰·斯图亚特接任摄政王，这一决定遭到了玛格丽特和安格斯伯爵的反对。当奥尔巴尼于1524年离开苏格兰时，安格斯伯爵控制了这位少年国王，詹姆斯五世被迫忍受继父的压迫，直到1528年才逃了出来。詹姆斯五世开始独立执政，他将安格斯伯爵（此时已与玛格丽特离婚）赶出了苏格兰。

作为统治者，詹姆斯五世的政策疏远了苏格兰的贵族，却赢得了普通百姓的爱戴。他自称"巴伦盖赫的佃农"，经常微服出巡，亲身经历和了解贫苦百姓的生活状况。

他结过两次婚，妻子都是法国人。第一次是1537年，他迎娶了法国的玛德琳公主，但婚后两个月王后就去世了；第二次是1538年，他与寡妇吉斯的玛丽结了婚。玛丽在上段婚姻中有了两个儿子，后来又为国王生了两个儿子，但这两个儿子都夭折了。他们还有一个女儿玛丽，1542年出生在林利思哥宫。

詹姆斯五世支持法国对抗英格兰国王，即他的舅舅亨利八世。在宗教改革如火如荼的时候，詹姆斯五世作为天主教会的慷慨赞助者，激怒了亨利八世，

致使他出兵苏格兰。1542 年 11 月，奉行新教的英格兰和奉行天主教的苏格兰在索尔威莫斯战役中交战。詹姆斯五世因发烧没有参加战役，这场战役以苏格兰的失败告终。战败的消息使苏格兰国王心力交瘁。大约两周后，当他的妻子生下一个女儿的消息传来时，国王在福克兰宫的病榻上预言道："再见，再

林利思哥宫庭院里的詹姆斯五世的喷泉。林利思哥是詹姆斯五世和他的女儿苏格兰女王玛丽的出生地。

见，它带着一个女孩而来，它将带着一个女孩而去"。这指的是 14 世纪初玛乔丽·布鲁斯与沃尔特·斯图亚特的婚姻，他们的结合建立了斯图亚特王朝。六天后，詹姆斯五世去世，王位传给了他襁褓中的女儿：苏格兰女王玛丽。

斯图亚特国王的喷泉　**113**

苏格兰王冠

苏格兰女王玛丽（1542—1567年在位）

当苏格兰的詹姆斯五世去世时，他唯一幸存的合法继承人是他的小女儿玛丽。1543年在斯特林城堡举行加冕仪式时，她才9个月大。正是在这次仪式上，作为苏格兰荣誉的一部分——苏格兰御宝，首次在加冕仪式上一起使用。

玛丽加冕时使用的王冠、剑和权杖可以追溯至她父亲和祖父统治时期。1540年，苏格兰王冠在受损的基础上重新制作，同年在荷里路德，詹姆斯五世在妻子吉斯的玛丽的加冕仪式上第一次戴上了它；权杖是教皇亚历山大四世在1494年送给詹姆斯四世的礼物；国王之剑也是教皇在1507年送给他的礼物，只不过这次的教皇是朱利叶斯二世。

玛丽·斯图亚特不仅是苏格兰女王，而且作为玛格丽特·都铎的孙女，她是亨利八世子女之后的英格兰王位继承人。当苏格兰天主教徒反对亨利八世让他的儿子爱德华娶玛丽并统一英格兰和苏格兰的计划时，所谓的"粗暴求婚"开始了。从1547年亨利八世去世到爱德华六世统治时期，英格兰和苏格兰的冲突持续了数年。

1548年，年幼的苏格兰女王玛丽被送往她母亲的故乡法国，在那里她住在法国国王亨利二世的宫廷里，而苏格兰由她母亲吉斯的玛丽代为摄政。小玛丽是一个漂亮、受欢迎且受到良好教育的孩子，很快就学会了说法语，这成为她的第一语言。她在法国的这些年，英格兰先后经历了1553年爱德华六世的离世，几位新的王位继承人的上台，分别是简·格雷夫人、玛丽一世和伊丽莎白一世。

苏格兰女王玛丽和法国国王亨利二世的长子弗朗西斯王太子在1558年结婚时已经订婚多年。同年，没有子嗣的英格兰女王玛丽·都铎去世，王位传给了她同父异母的妹妹伊丽莎白。然而，许多天主教徒认为伊丽莎白是亨利八世的私生女，属于非法继承人，而玛丽·斯图亚特才是合法的英格兰女王。

1559年，弗朗西斯和玛丽成为法国国王和王后。但第二年6月，玛丽的母亲去世了，6个月后她的丈夫也离开了人世，这位18岁的苏格兰女王回到了自己的祖国。1561年8月，归来时的祖国与她13年前离开时截然不同：在她离开的这段时间，苏格兰变成了新教国家。

1565年，玛丽嫁给了她的堂兄——达恩利勋爵亨利·斯图亚特。伊丽莎白一世非常愤怒，因为达恩利也是玛格丽特·都铎的孙子，这次联姻加强了苏格兰君主对英格兰王位的威胁。然而不久之后，他们的婚姻开始走向衰败。1566年3月，忌妒心强的达恩利密谋杀害了玛丽的秘书大卫·里齐奥。当时女王已经怀孕，3个月后，她唯一的孩子——詹姆斯出世了。玛丽和达恩利进一步疏远，女王向她的非婚生兄弟莫里伯爵詹姆斯·斯图亚特和贵族博思韦尔伯爵詹姆斯·赫本寻求支持。

　　1567年2月，达恩利被谋杀。最大嫌疑落在了专横跋扈的博思韦尔伯爵身上；同年5月，他成为玛丽的第三任丈夫。但这场联姻给苏格兰女王带来了悲剧性的后果。

最后一次使用这顶王冠是1651年查理二世在斯昆加冕时。自1819年以来，苏格兰的荣誉，包括这里展示的苏格兰王冠，一直在爱丁堡城堡的王冠室公开展示。王冠底座的圆环由苏格兰黄金制成，上面镶嵌着从早期王冠上取下来的珠宝和来自苏格兰河流的淡水珍珠。

苏格兰王冠

悲剧女王的最后一封信

苏格兰女王玛丽（1542—1567年在位）

1567年5月，苏格兰女王玛丽与博思韦尔伯爵结婚，这激怒了许多苏格兰贵族，他们质疑这对夫妇谋杀女王第二任丈夫达恩利勋爵亨利·斯图亚特。

26名苏格兰贵族在卡伯里山与玛丽和博思韦尔伯爵对峙，战斗未能打响，女王为她的丈夫谈妥了一条安全通道，她的丈夫逃到了丹麦，并于次年死在那里。然而，玛丽被带到一个遥远的岛上，在那里她被囚禁在洛克利文城堡，不久她肚子里的双胞胎也流产了。1567年7月24日，她被迫退位，让位于她一岁的孩子，也就是后来的苏格兰国王詹姆斯六世。莫里伯爵成为幼年国王的摄政王，自此玛丽再也没有见过自己的儿子。

玛丽最终设法逃出了洛克利文城堡，并逃往英格兰，恳求她的表妹伊丽莎白一世保护她的安全。伊丽莎白一世并不相信这位不速之客，在调查达恩利的谋杀案期间，她把玛丽囚禁起来。据称玛丽写给博思韦尔伯爵的信被找出，伊丽莎白一世意识到如果把玛丽送回苏格兰，她将被处决。但如果玛丽获得自由，伊丽莎白一世担心天主教盟友会鼓动她的苏格兰表亲争夺英格兰王位。最终，玛丽在英格兰被囚禁了18年。她从未放弃过伸张正义的希望，但在这段时间里，两位女王从未见过面。

有几个阴谋要推翻伊丽莎白，让玛丽登上王位，最后这样一个阴谋决定了玛丽的命运：1586年的巴宾顿阴谋。安东尼·巴宾顿是玛丽的狂热支持者，他要刺杀伊丽莎白一世；但英格兰女王的间谍头目弗朗西斯·沃尔辛厄姆爵士截获了玛丽的信件，据称这些信件使她卷入这起阴谋。玛丽在北安普敦郡的福瑟林海城堡受审，她被判有罪并被处以死刑。伊丽莎白一世左右为难：一方面她受到来自议员的压力，他们要求保留玛丽的性命，另一方面她又不愿意对玛丽的死负责。她签署了一份处决令，但后来又声称，处决令下达和执行是违背她的意愿的。

1587年2月7日，玛丽得知她将在第二天被处决。2月8日凌晨，她写信给法国国王亨利三世，也就是她第一任丈夫的兄弟，在人生最后一封信的结尾处写道：

如果您愿意的话，请指引我，为了

英伦风云

我的灵魂,您欠我的部分应当偿还;为了耶稣基督,我将在明天死后为您祈祷,留下足够的钱来纪念弥撒,并按惯例施舍。本周三,午夜后两小时。

你最亲爱、真实的姐妹:玛丽·R.

玛丽在福瑟林海城堡被斩首,埋葬在附近的彼得伯勒教堂。1612年,她的儿子詹姆斯将她的遗体移至威斯敏斯特大教堂。

苏格兰女王玛丽在临刑前6小时写给法国国王的最后一封信(节选)。

在这幅肖像中，亨利八世的身旁是他的第三任妻子简·西摩和他的儿子兼继承人爱德华王子（后来的爱德华六世）。爱德华出生在汉普顿宫，这幅画也在那里展出。

王室肖像

爱德华六世（1547—1553）

在萨里郡汉普顿宫的大厅里悬挂着一幅亨利八世和他的第三任妻子简·西摩的肖像，他们的儿子爱德华王子还是个小男孩。但这个场景都是虚构的，因为1537年10月12日，简·西摩在孩子出生几天后就死于产褥热。亨利八世盼望已久的儿子降生后，举国欢庆，但国王的喜悦心情却因妻子的去世而黯然失色。

1538年，亨利八世买下了赫特福德郡的哈特菲尔德宫，这里成为爱德华和他同父异母的姐姐伊丽莎白共用的托儿所。伊丽莎白只比爱德华大四岁，她三个月大的时候就住在这里，这处房产（现在的哈特菲尔德宅邸）与她的关系最为密切。

1543年7月，爱德华王子与七个月大的苏格兰女王玛丽订婚，这是他父亲为统一两个王国而采取的一项政治举措。但在12月，苏格兰人撕毁了这一协议，亨利八世命令他已故妻子的兄弟、国王家族中的重要人物爱德华·西摩入侵苏格兰，结果导致了一场被称为"粗暴求婚"的野蛮行动。

当亨利八世于1547年去世时，他的儿子兼继承人只有9岁，是一个聪明、早熟但体弱多病的孩子。由于年幼，少年国王爱德华六世被托付给其舅舅爱德华·西摩领导的摄政委员会照顾。西摩从1547年起担任护国公，直到1549年下台；三年后，他因重罪被处决。接替他摄政的是沃里克伯爵约翰·达德利（1551年被封为诺森伯兰郡公爵）；1553年，他也因叛国罪被处决。

虽然亨利八世反感新宗教理念，但是爱德华六世推崇，并且得到了西摩和沃里克政权的支持。有人说，1552年坎特伯雷大主教托马斯·克兰麦对《公祷书》的修订，标志着新教运动在英格兰的到来，那本祈祷书至今仍是英格兰教会礼拜的脚本。

爱德华六世的统治是短暂的，我们永远都不会知道那些暗示他将成为一个好君主的迹象是否会实现。1553年初，他的健康状况恶化，为了防止国家回归天主教，他拒绝同父异母的姐姐玛丽和伊丽莎白的要求，任命简·格雷夫人（她的祖母玛丽·都铎是亨利八世的妹妹）为他的继任者。

1553年7月，爱德华六世死于肺病，年仅15岁，他的病情可能因中世纪的治疗而恶化。

死难者纪念碑

简·格雷夫人（1553年在位）

在伦敦塔院内的绿塔中——几个世纪以来处决许多人的地方，有一座纪念雕塑，纪念那些在这里遭遇命运审判的人。在伦敦塔内执行死刑是那些高官的特权，远离众人的视线。在这里被斩首的人中，有三位英格兰的前王后或女王。其中两位——安妮·博林和凯瑟琳·霍华德，是亨利八世的妻子；第三位是简·格雷夫人，她在1553年只做了9天的女王。

简·格雷夫人出生于1537年，从10岁起，作为亨利七世的曾外孙女，一直在家族亲友托马斯·西摩的家中长大，托马斯是爱德华六世的舅舅。大约在同一时间，托马斯·西摩与亨利八世的遗孀凯瑟琳·帕尔结婚。

和他的兄弟爱德华·西摩（照顾年幼的爱德华六世的摄政委员会的第一任主席）一样，托马斯也是一个野心勃勃的人物，他希望简有一天能嫁给这位少年国王。然而，1553年5月，她嫁给了诺森伯兰公爵约翰·达德利的儿子吉尔福德。正是这位有权有势的约翰·达德利取代了爱德华·西摩的位置，成为年轻国王摄政委员会的主席。

爱德华六世不顾一切地阻止他那同父异母、虔诚的天主教徒的长姐玛丽成为女王，约翰·达德利策划了简·格雷夫人的继任。1553年7月爱德华去世三天后，简被召唤到她公公在伦敦的家——赛昂宫。令她苦恼的是，她被告知，根据爱德华国王的指示，自己将成为英格兰的女王。第二天，即1553年7月10日，官方宣布了这一消息：16岁的简·格雷夫人成为女王。

简的表姐玛丽·都铎却不这么想，当天枢密院收到玛丽的信，要求封她为女王，而且很多天主教徒都支持她成为王位的合法继承人。双方都集结了军队，但诺森伯兰公爵很快就投降了。7月19日，在位仅9天的简被废黜。她和丈夫成了囚犯，以叛国罪的罪名被分别关押在伦敦塔内。

玛丽一世于1553年10月加冕。她准备饶她前任一命，但事情发生了变化，因为简的父亲——萨福克公爵亨利·格雷，支持了一场反对玛丽嫁给西班牙菲利普二世的叛乱。

1554年2月12日，简在绿塔被私下斩首，吉尔福德在塔山被公开斩首。悲惨的简从未想要王位，她只是王国权贵手中的一颗棋子而已。

伦敦塔的死难者纪念碑由英国艺术家布莱恩·卡特林设计，于 2006 年揭幕。它由两个雕刻的圆圈组成：上部玻璃圆圈的中心有一个玻璃枕头，下部的圆圈是黑色石头。

死难者纪念碑上蚀刻着十名被斩首者的名字，以及雕塑家的一首诗，诗是这样开头的："温柔的访客请稍作停留，在你站立的地方，死神带走了多日的光明……"

王室夫妇银币

玛丽一世（1553—1558年在位）

在嫁给西班牙菲利普二世之前，玛丽一世一直独自统治着王国。婚后，这对王室夫妇一起出现在了英国的硬币上：头上的王冠说明他们是英格兰和爱尔兰的共同君主。硬币背面的盾牌上有英国和西班牙的联合盾形纹章。

1553年，玛丽·都铎成为女王时已经37岁，仍是单身。她是亨利八世的长女，深得父亲的宠爱。然而，根据《继承法案》，玛丽和她同父异母的妹妹伊丽莎白都被认定为私生女，在她们的母亲——阿拉贡的凯瑟琳和安妮·博林被处决后，她们被剥夺了王位继承权。1543年颁布的第三次《继承法案》使玛丽和伊丽莎白重获继承权，其继承顺位排在同父异母的兄弟爱德华之后。

玛丽一世认为自己的使命是在英格兰恢复天主教，她称天主教为"真正的信仰"。她还想要一位继承人。她的表兄神圣罗马帝国皇帝查理五世建议她嫁给自己具有合法继承权的独子——西班牙的菲利普王子（1556年继位成为西班牙国王菲利普二世）。1554年，玛丽和比自己小11岁的虔诚的天主教徒菲利普初次见面，两天后他们便结婚了。这一举动激怒了一些新教徒，他们在托马斯·怀亚特爵士的领导下发动了一场短暂而徒劳的叛乱。简·格雷夫人的父亲萨福克公爵亨利·格雷支持叛乱，这直接导致简·格雷夫人被处以死刑。玛丽同父异母的妹妹伊丽莎白也被诬告谋反，她先是被暂时囚禁在伦敦塔，然后又被软禁在牛津郡伍德斯托克庄园的一所小屋内，直到1555年才被允许返回她在哈特菲尔德的家。

玛丽和菲利普的婚姻并不幸福。在玛丽经历了一次假孕后，菲利普抛下沮丧的妻子，独自回到了西班牙。玛丽对天主教的狂热助长了当时的宗教迫害。1555年，新教主教雷德利和拉蒂默在牛津被烧死；次年，坎特伯雷大主教托马斯·克兰麦也被烧死；大约有300名新教教徒死亡。为此，女王得到了"血腥玛丽"的绰号。

1557年，菲利普二世回到英国，希望能在对抗法国的战争中为英国争取更多支持。但是，1558年初，英国失去了其帝国版图大陆部分的最后一块领地——加来。

玛丽一度以为自己又怀孕了，但她的愿望再次落空，她可能患上了肿瘤。1558年，玛丽病得越来越重，身体越来

实际尺寸

印有玛丽和菲利普头像的银币，皇家造币厂（1279—1810年，位于伦敦塔）铸造。小图为实际尺寸。

越虚弱。在她生命的最后几个月里，她与同父异母的妹妹伊丽莎白和解了。1558年11月17日，玛丽一世去世，伊丽莎白在哈特菲尔德宫得知了这个消息。为此，她引用了《诗篇》里的语句："这是耶和华所做的，在我们眼中要视为稀奇。"

王室夫妇银币 **123**

童贞女王的微型画像

伊丽莎白一世（1558—1603年在位）

传说在1558年，得知同父异母的姐姐玛丽一世去世的消息时，伊丽莎白公主正坐在哈特菲尔德宫的一棵橡树下。伊丽莎白一世时代就此开启。

在母亲安妮·博林被处决后，年轻的伊丽莎白公主被当作私生女逐出宫廷。后来，她的继母凯瑟琳·帕尔又让她回到了宫中。然而，伊丽莎白公主的青春期仍笼罩着危险的阴云，因为姐姐玛丽一世将她视为潜在的威胁。但是伊丽莎白既精明又顽强，她在24岁继位，其后历经艰难险阻，建立丰功伟业，一直统治到70岁。

伊丽莎白一世继承了父亲亨利八世的傲气、活力、意志力和坏脾气，是最后一位既统又治的英国君主。她信任忠诚的大臣——威廉·塞西尔（伯利勋爵）和他的儿子罗伯特，同时也任用皇家间谍头子弗朗西斯·沃尔辛厄姆爵士。幼年生活中充斥的不安定和危险使伊丽莎白养成了谨慎、模棱两可的性格，这常常激怒她的顾问们。但在重大问题上，伊丽莎白一世是非常清晰坚定的。她只犹豫过一次，那就是在决定潜在对手苏格兰玛丽女王命运的时候。

除了继承父亲的性格特点，受过良好教育、擅长音乐和运动的伊丽莎白一世也继承了母亲的风情万种。女王与许多求婚者调情，其中包括玛丽一世的鳏夫——西班牙的菲利普二世，以及聪明有趣的阿朗松公爵，伊丽莎白一世称他为"小青蛙"。但在这些男人中，可能只有一个是她真正爱过的，而且几乎让她情感战胜理智，那就是莱斯特伯爵罗伯特·达德利——一个当时已婚的王室宠儿。1560年，达德利的妻子坠楼身亡，疑似一场谋杀，伊丽莎白一世嫁给他必将会玷污自己的好名声。最终，她选择继续当童贞女王，以保护自己的声誉和独立。

伊丽莎白一世在位期间，艺术得到长足发展，在她的支持下，剧作家威廉·莎士比亚、诗人埃德蒙·斯宾塞（他写了关于伊丽莎白一世的史诗《仙后》）、作曲家威廉·伯德和肖像画家尼古拉斯·希利亚德等杰出人才层出不穷。希利亚德被任命为伊丽莎白一世的官方肖像画家，并在其继任者詹姆斯一世的宫廷中继续担任这一职务。佩戴伊丽莎白女王肖像来表达对她的忠诚成了一种时尚，装在吊盒里或小盖盒子上的微缩画像也很受欢迎。随着时间的流

逝，这些肖像仍然在人们的谄媚中保持着不变的形象。尽管女王多年来努力维持着身材和精力，但岁月不饶人，终究还是要靠精心伪装来隐藏岁月的痕迹。

伊丽莎白一世漫长的统治为后人所怀念，被视为"好女王贝丝的黄金时代"。

16世纪晚期尼古拉斯·希利亚德创作的伊丽莎白一世微型画像，镶嵌在一个珐琅金挂坠盒中，挂坠盒表面装饰着钻石和红宝石。这幅肖像现藏于伦敦的维多利亚和阿尔伯特博物馆，是该博物馆在1857年向公众开放时获得的第一幅微型肖像画。

战胜西班牙无敌舰队

伊丽莎白一世（1558—1603年在位）

欧洲的海上探险始于15世纪，由葡萄牙人和西班牙人领导。尽管伊丽莎白一世的祖父亨利六世资助了约翰·卡伯特1497年的北美航行，她的父亲也乐于壮大自己的海军，为舰队增添更大更好的战舰，比如"玛丽·罗斯"号，但当时的英国迟迟没有加入欧洲的海上探险。由于伊丽莎白一世对航海事业的鼓励，16世纪60年代，英国的船长们开始将贸易和海盗活动结合在一起，增加了王室的财政收入。伊丽莎白时代的冒险家包括沃尔特·罗利、约翰·霍金斯、马丁·弗洛比希尔和弗朗西斯·德雷克等人，1588年，他们接受征召去保卫英国，抵御西班牙的无敌舰队。

西班牙的菲利普二世肩负着让英格兰重拾天主教信仰的使命，派出了满载精锐部队的战舰，意图将伊丽莎白女王赶下台。但在高级海军上将霍华德的指挥下，英国做好了准备：沿着南海岸遍布瞭望哨，一旦发现西班牙舰队就立刻发出信号。

巨大的西班牙帆船速度缓慢，不适合在具有强风、潮汐和洋流的英吉利海峡中航行。而英国的船更小、更快，他们的水手也更熟悉英吉利海峡的特点。在法国海岸附近，西班牙人被英国的火攻船打了个措手不及。在格拉沃利讷海战中，这些西班牙船只几乎都被逼上了岸。随后风向转变，西班牙大帆船被吹离浅滩，却又被困在北海。这支丢盔卸甲的舰队被迫经由苏格兰和爱尔兰返回家乡，在凶猛的风暴中遭受了巨大的损失。在从西班牙出发的130艘船只中，只有不到一半返航，一万多名西班牙人失去了生命，而英国却没有损失一艘船。战斗结束后，伊丽莎白铸造了一枚勋章，上面刻着"上帝吐纳风雨，他们因之溃散"。

这时正值伊丽莎白一世统治的鼎盛时期，爱国热情空前高涨，其核心是女王——半神圣的荣光女王。代表这一成就的是被称为《无敌舰队肖像》的画作，这幅画有三个版本：一幅藏于伦敦的国家肖像馆，一幅藏于格林尼治女王宫，还有一幅藏于贝德福德郡的沃本修道院。这些画很可能是受女王委托所作，在海战胜利后向臣民宣传她的形象。这幅《无敌舰队肖像》具有丰富的象征意义：女王身后有一顶王冠，女王的手放在地球仪上，她脖子上的珍珠代表着财富和纯洁。女王身后的两扇窗户

展示了无敌舰队作战的场景：一扇描绘了船只在平静的海上集结；另一边则是英国的敌人在暴风雨中四散奔逃。

1603年，伊丽莎白一世在里士满宫去世，葬于威斯敏斯特教堂，都铎王朝也随之灭亡。1606年，尽管伊丽莎白一世和玛丽一世在生前有那么多分歧，伊丽莎白一世的灵柩还是被葬入修道院内的亨利七世礼拜堂，与玛丽一世共用一个墓穴。虽然纪念碑上只有伊丽莎白一世的雕像，但其中一句铭文写着："在宝座上，在坟墓中，都曾陪伴着彼此的伊丽莎白和玛丽姐妹，一同安息于此，满怀复生的希望。"

这幅由未知艺术家创作的《无敌舰队肖像》挂在格林尼治女王宫（格林尼治皇家博物馆的一部分），这里是伊丽莎白一世出生的格林尼治宫所在地。

战胜西班牙无敌舰队

英国米字旗，创制于 1606 年。

联合王国国旗

苏格兰詹姆斯六世（1567—1625年在位）/ 英格兰詹姆斯一世（1603—1625年在位）

在1603年伊丽莎白一世去世前，由谁继承王位仍是一个悬而未决的问题。在伊丽莎白一世弥留之际，海军事务大臣询问女王，苏格兰的詹姆斯六世能否成为她的继承人。女王举起手，在头上画了一个圈代表王冠，示意她选定苏格兰玛丽女王的儿子詹姆斯作为继承人。最后，"王冠联合"使英格兰和苏格兰合而为一，由同一君主统治：苏格兰的詹姆斯六世成了英格兰的詹姆斯一世。

苏格兰的詹姆斯六世是在斯特灵城堡长大的新教徒，由四任摄政王指导。在少年国王的童年时期，他的导师乔治·布坎南一直陪伴着他。虽然布坎南给詹姆斯提供了良好的教育，但他未能完全说服詹姆斯蔑视自己那被囚禁的母亲。

1582年，詹姆斯15岁时，苏格兰贵族高里伯爵威廉·鲁斯文谋反，把国王囚禁了10个月之久。获释后，詹姆斯六世开始亲自执政，并开始向囚禁自己母亲的伊丽莎白一世示好，而且没有采取任何营救母亲玛丽女王的行动。1586年，詹姆斯和伊丽莎白根据苏格兰和英格兰之间的和平协议《贝里克条约》成为盟友。1587年，听到母亲被处决的消息后，詹姆斯几乎未做抗议，这让他更受伊丽莎白一世的喜爱。

1603年3月伊丽莎白一世去世后，詹姆斯骑马南下，受到英格兰人的热烈欢迎。7月25日，他在威斯敏斯特教堂加冕，成为第一位统治英格兰、苏格兰、威尔士和爱尔兰的君主，也成为斯图亚特王朝的第一位统治者。

尽管詹姆斯国王希望看到自己统治下的两个王国完全统一，但苏格兰保留了自己的议会和其他制度，包括与教会有关的制度。然而，1606年，詹姆斯下令制作一面结合了圣乔治和圣安德鲁十字架的英国国旗。结果，英国的米字旗应运而生，它也被称为英国国旗。威尔士国旗上的龙元素从未被纳入英国国旗，因为在米字旗诞生时，威尔士已经与英格兰合并，但在1801年，随着爱尔兰和大不列颠的合并，圣帕特里克十字架被加到国旗上（自1921年以来，只有北爱尔兰被视为联合王国的一部分）。

如今，当国王移驾别处时，英国国旗就会在白金汉宫、温莎城堡或桑德林汉姆宫上空飘扬；一旦国王入住，这些王宫便会升起皇家旗帜。

格林尼治女王宫的郁金香楼梯

苏格兰詹姆斯六世（1567—1625年在位）/英格兰詹姆斯一世（1603—1625年在位）

宏伟的格林尼治女王宫是为詹姆斯一世的妻子安妮王后建造的，而著名的郁金香楼梯是为下一任王后——查理一世的妻子建造的。

詹姆斯一世热爱英格兰，在成为英格兰君主并移居伦敦后，他只在1617年回过苏格兰一次。但他的英格兰臣民对他就不那么认可了。詹姆斯一世和丹麦的安妮于1589年结婚，育有7个孩子。国王对待朝臣的态度被认为过于软弱，他的观点和政策也并不受人民欢迎。1605年，天主教阴谋家计划炸毁国会大厦，刺杀国王，让他年轻的女儿登上王位，成为天主教君主。11月5日，其中一名密谋者吉多·福克斯在上议院下方的地下室被捕，他随身携带着36桶火药。一些参与其中的人很快在枪战中被杀，其余的人也都被捕并以叛国罪处死。直到今天，自卫军都会在议会开幕前搜查议会大厦的地下室。

但詹姆斯一世也因一些积极的事情被人们铭记。他喜欢文学，尤其是诗歌，和安妮王后一样喜欢戏剧。他最伟大的遗产之一是赞助了《圣经》的英译工程，钦定版《圣经》于1611年首次出版。詹姆斯一世和他的妻子还与伦敦一些最好的历史建筑有关联。

1603年，安妮王后搬进萨默塞特宫，并以她的名义将萨默塞特宫重新命名为丹麦宫，直到18世纪才又恢复了原来的名称。1609年，安妮王后委托伊尼戈·琼斯对部分建筑进行重新设计，但这项工作在10年后安妮去世时还没有完成。

伊尼戈·琼斯负责的第二个皇家项目是宴会厅。这是为詹姆斯一世建造的第三座宫殿，主要用于外交仪式和宫廷娱乐。如今，这一建筑是历史悠久的伦敦白厅仅存的部分。

伊尼戈·琼斯在詹姆斯一世统治期间开始的第三个项目是格林尼治女王宫，它建在格林尼治宫的场地上，以前名为普拉森提亚宫，是亨利八世、玛丽一世和伊丽莎白一世这三位英国君主的出生地。在琼斯受命设计女王宫的几年里，詹姆斯一世和安妮的生活越来越疏远。有一种说法是，女王宫是詹姆斯一世送给妻子的道歉礼物，因为她在外出打猎时不小心开枪打死了詹姆斯一世的猎犬，而受到詹姆斯一世的痛斥。

女王宫的建筑工程始于 1616 年，但到 1619 年安妮去世时只完成了第一层。1629 年，当继任者查理一世的妻子亨丽埃塔·玛丽亚成为王后时，工程又得以重启。作为遗留至今的宏伟内饰之一，郁金香楼梯以熟铁栏杆上的花朵造型为名，这座令人惊叹的楼梯是英国第一个自立式螺旋楼梯。

格林尼治女王宫是为詹姆斯一世的妻子安妮王后建造的，而郁金香楼梯是为亨丽埃塔·玛丽亚王后建造的，她是继任君主查理一世的妻子。

格林尼治女王宫的郁金香楼梯

鲁本斯的天花板

查理一世（1625—1649年在位）

詹姆斯一世于1625年逝世，其长子亨利死于他之前，所以次子查理成了他的继承人。登基后不久，查理一世与法国的亨丽埃塔·玛丽亚结婚。王后为国王生了9个孩子，其中有两个将继承王位。

虽然詹姆斯一世为白厅的宴会厅设计了装饰方案，但查理一世却委托佛兰德斯艺术家彼得·保罗·鲁本斯画了几幅画。天花板上的三幅主要作品是为了纪念查理的父亲而作：《王冠的联合》《詹姆斯一世的和平统治》和《詹姆斯一世的神化》。它们是在安特卫普绘制的，并于1636年安装完毕，据说国王对成果非常满意。

查理一世是一位温和的君主，不愿与议会讨价还价，他信任三位强大的顾问：白金汉公爵、斯特拉福德伯爵托马斯·温特沃斯和大主教劳德。伊丽莎白一世和詹姆斯一世在位期间，皇家国库就出现了巨额赤字，而当查理一世的外交政策出现严重失误时，与法国和西班牙的战争就成了代价高昂的灾难。议会拒绝投票增加税收，白金汉公爵在1629年被暗杀，查理国王三次解散议会，于1629年开始个人统治。这一统治持续了11年，国王声称他的皇家特权是不依靠议会的。

1639年，主教战争爆发，这是支持苏格兰长老会清教方式的苏格兰立约者与支持圣公会高级教会的国王之间的冲突。1640年4月，查理国王无力支付英国军队的军饷，"个人统治"宣告结束，并于1640年4月召开所谓的"短期议会"。之所以如此命名，是因为愤怒的查理国王在三周后就解散了议会。1640年11月，英国在主教战争中战败，国王迫切需要财政补贴，被迫召集"长议会"。信心大增的议会通过了几项针对国王特权的法案，其中一项是禁止未经议会成员同意就解散议会。下议院将矛头指向国王忠实的大臣斯特拉福德，指控他犯了叛国罪，查理国王不得不在1641年将他处死。斯特拉福德自1632年起就开始担任爱尔兰副总督，他的死导致了爱尔兰的叛乱。

国王和议会之间的紧张关系进一步加剧，1642年，内战终于爆发，查理国王在诺丁汉组建了一支军队，升起了他的皇家旗帜。第一次主要战役是1642年10月在沃里克郡的边山战役，并未分出胜负。奥利弗·克伦威尔，一位来自东安格利亚的绅士农民，成了议员中的佼佼者。1645年6月，在北安普敦郡的纳斯比战役中，克伦威尔的新模范军与国王侄子鲁珀特王子指挥的保皇党军队相遇，议会党人取得了胜利。第二年，查理一世向苏格兰人投降。1647年，苏格兰人将查理一世交给克伦威尔。查理国王被克伦威尔囚禁在汉普顿宫，但国王设法逃脱了。查理一世本可以逃到法国，但他却选择去怀特岛，希望获得人们对保皇党的同情。但事与愿违，他最终被囚禁在卡里斯布鲁克城堡。这位固执的国王拒绝接受失败，也拒绝和平谈判，从此再也没有获得自由。

《詹姆斯一世的神化》：这幅鲁本斯的画是查理一世为父亲委托创作的，用来装饰白厅宴会厅的天花板。它描绘了只对上帝负责的国王，乘着雄鹰飞上了天堂。

国王的死刑令

查理一世（1625—1649年在位）

查理一世是唯一一位因叛国罪被审判并处决的英国君主，他对议会的漠视和人民对其经济政策的不满引发了1642年的英国内战。1647年，他被囚禁在怀特岛，之后被转移到温莎城堡，最后被带到伦敦。在那里，他被控叛国罪，于1649年1月20日在威斯敏斯特大厅开始接受审判。

在审判的最初几天，查理一世冷静而有尊严地坚称作为君主，他只对上帝负责。1月27日，他被宣布有罪，罪名是"暴君、叛徒、杀人犯和这个国家善良人民的公敌"，他的死刑令已经签署，并计划于1月30日在白厅执行。查理最后的日子是在圣詹姆斯宫度过的，他被允许处理自己的事务，并悲伤地告别了最小的两个孩子——13岁的伊丽莎白和8岁的亨利，自内战爆发以来，他们一直受到议会的控制。查理一世的其他直系亲属，包括他的妻子，都已流亡国外。

1月30日清晨，寒冷刺骨，国王穿了两件衬衫，以免冷得发抖，被误会是害怕即将到来的死亡。他走了一小段路来到白厅宫，周围全是卫兵，但也有贾克森主教陪同。国王选择贾克森主教

奥利弗·克伦威尔是查理一世死刑执行令上的59名签署者之一。1660年君主复辟后，上议院命令执行查理一世死刑的刽子手（此时已被囚禁在伦敦塔）交出这份文件，此后这份文件一直由议会保管。

在刑台上陪伴自己。

查理一世在自己的卧室里等着召唤。当召唤来临的时候，他步行穿过宴会厅的大厅。讽刺的是，在他头上是鲁本斯绘制的天花板，上面描绘着国王的神授权利，这是他特别定制以献给父亲的艺术品。

大批群众聚集在行刑现场，其中有一个名叫塞缪尔·佩皮斯的15岁的年轻人，但很少有人听到查理一世最后的

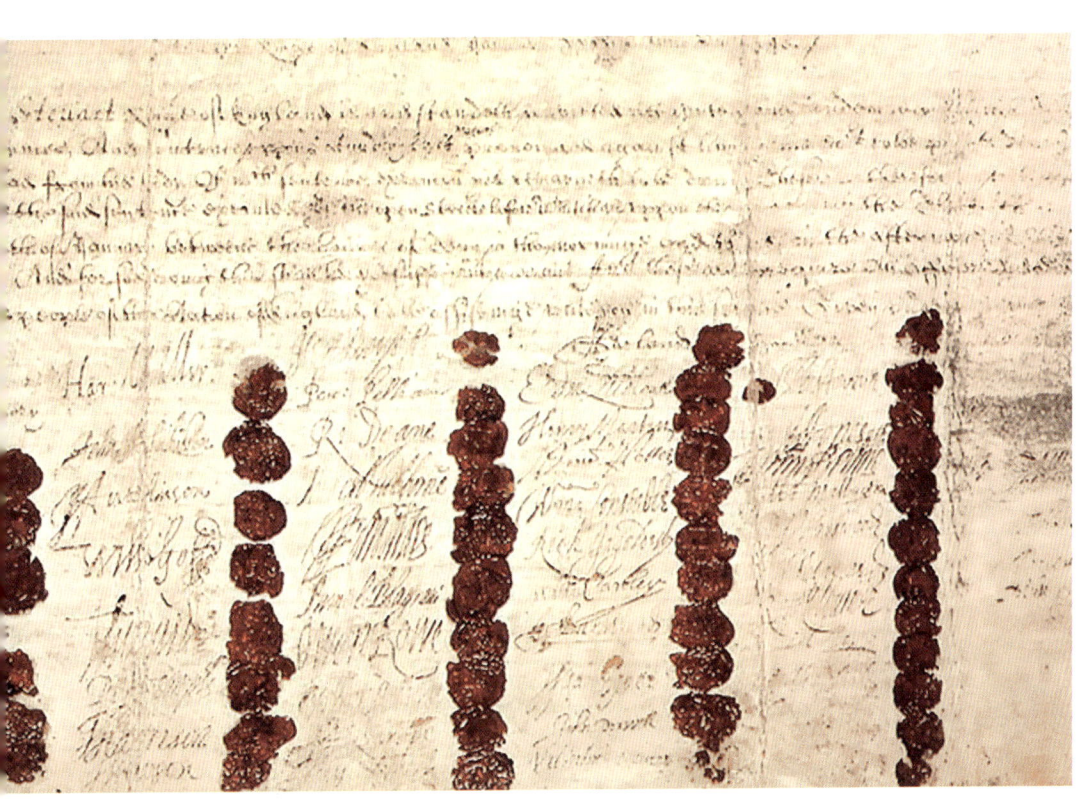

讲话，他说："我所做的一切都是为了一个好的目的，仁慈的上帝会站在我这边……我将从可朽变为不朽，那里将是一个没有骚乱的世界"。国王庄严地接受了他的命运：他走近一楼的窗口，脱下斗篷，做了一个简短的祈祷，把头放在断头台上，然后向刽子手示意他已经准备好了。刽子手的斧头一下子就砍断了他的脖子。

查理一世的半身像摆放在宴会厅外，上面写着："查理一世国王陛下穿过这个大厅，从一扇窗户走向白厅外的断头台，他于1649年1月30日在此被斩首"。马路对面，在皇家骑兵卫队阅兵场的牌楼上有一座钟，在表盘数字2的位置上有一个黑色的标记，纪念国王于下午两点殒命。查理一世死后，英国宣布废除君主制，成立共和国，即英联邦。直到11年后，才又有一位国王再次登上了英格兰的王座。

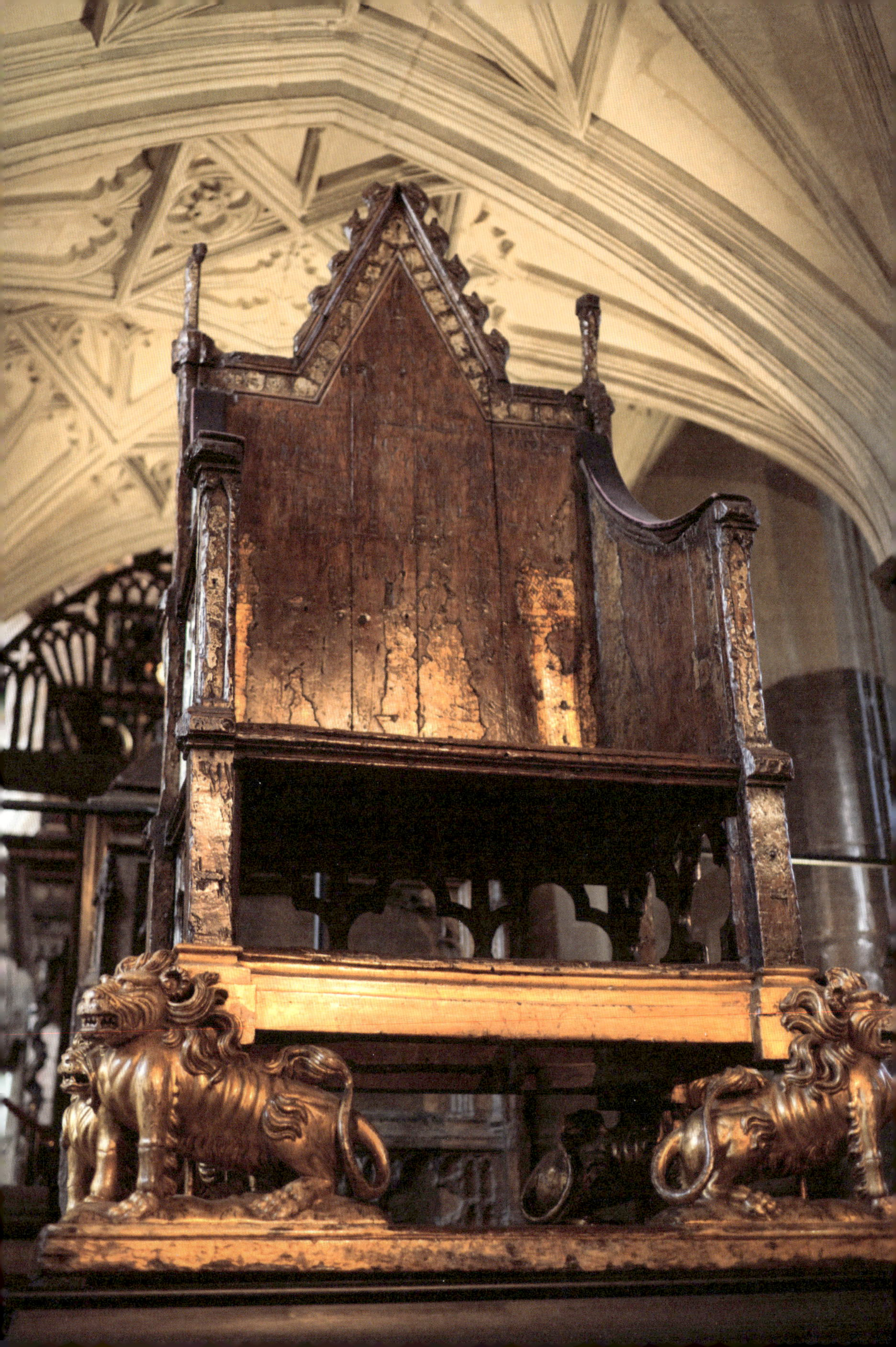

加冕椅

英联邦（1649—1660 年）

在没有君主的时期，加冕椅却意义重大，这似乎显得很奇怪，但奥利弗·克伦威尔确实在 1657 年的一次仪式上使用了加冕椅。

从 1649 年起，英格兰不再有国王，查理二世在父亲查理一世死后宣布自己是苏格兰国王。1651 年 1 月 1 日，查理二世在苏格兰司康加冕，这是在苏格兰举行的最后一次加冕典礼。内战仍在继续，查理二世一直拥有苏格兰国王的头衔，直到 1651 年 9 月 3 日在伍斯特战役中被克伦威尔击败。查理二世逃到欧洲，在那里度过了 9 年的流亡生活。

同时，从 1649 年开始，新成立的英联邦以国务委员会取代了英格兰的君主制，与"残余议会"一起统治。所谓的"残余议会"是查理一世因叛国罪被捕以来一直存在的精简议会。

议会内部的动荡持续了四年，直到 1653 年 12 月 16 日，因政府管理不善，奥利弗·克伦威尔——曾两次担任议会议员，宣布成为英格兰、苏格兰和爱尔兰的护国公。他穿着朴素的黑色礼服参加了在威斯敏斯特大厅举行的就任仪式。

克伦威尔实际上已经是一个国王。1657 年，议会授予他王位，而他却拒绝了。同年 6 月 26 日，他被重新任命为护国公，新的立法赋予他更多的权利。第二次就任仪式同样在威斯敏斯特大厅举行，有点讽刺的是，它与皇家加冕仪式十分相似：克伦威尔穿着一件紫色貂皮长袍，手持一把剑和一根权杖。他坐在加冕椅（又称爱德华国王椅或圣爱德华椅）上，这把椅子是从威斯敏斯特教堂搬到威斯敏斯特大厅的。

这把加冕椅是爱德华一世委托工匠制作的，用来包裹 1296 年从苏格兰人手中夺来的命运之石。这把椅子大约制造于 1300 年，虽然大部分镀金装饰已经磨损，但仍能辨认它所描绘的鸟类、树叶和动物，以及一位国王（通常认为是忏悔者爱德华或爱德华一世）脚踩狮子的形象。椅子底部的四只镀金狮子是在 16 世纪早期增加的，后来又在 1727 年被替换掉了。这把椅子在 1308 年爱德华二世的加冕典礼上被首次使用，并用于其后所有的加冕典礼。如今，我们可以在威斯敏斯特大教堂的圣乔治礼拜堂看到这一标志性的历史文化遗存。

这把加冕椅保存于威斯敏斯特教堂，1308 年爱德华二世加冕时首次亮相，1657 年奥利弗·克伦威尔重新被任命为护国公时也使用过。

浩劫中幸存的王位宝器

英联邦（1649—1660年）

1649年，奥利弗·克伦威尔下令将象征着"国王可恶统治"的王位宝器"彻底粉碎"，王室珍宝遭受了最悲惨的命运。完好保存下来的物品很少，加冕圣匙是其中之一。

今天，包括加冕圣匙在内的王室珍宝被保存在伦敦塔的珠宝屋中，由守卫看守。但围绕着王室珍宝，有一段漫长而动荡的历史，可以追溯到11世纪忏悔者爱德华统治时期。

爱德华从他的母亲艾玛或诺曼底那里拿走了珠宝，包括黄金和白银，以报复她在自己小时候对自己的亏待。爱德华把珍宝存放在威斯敏斯特教堂。人们通常认为爱德华是第一个使用王位宝器的君主，尽管他的宝器都没留传下来。直到14世纪早期爱德华一世统治时期，在1303年存放在威斯敏斯特教堂皇家宝库中的许多贵重物品被盗后，王室珍宝才被转移到伦敦塔。人们起初怀疑偷盗者是修道院的院长和僧侣，但后来查明真正的作案者是牛津郡的理查德·普德利科特，他因此被判入狱并处以绞刑。

其他拥有王室珍宝的君主也曾遭遇过不幸。1216年，约翰国王和他的随从从林肯郡前往诺福克时，在沃什河的流沙中丢失了珍宝。在百年战争期间，爱德华三世曾两次典当了这些珠宝：第一次是在1338年，典当所得被用来支付他的军队和补给费用，第二次是在1347年。有传言称，在17世纪40年代，也就是英国内战开始前的那段时间，查理一世的妻子亨丽埃塔·玛丽亚王后曾前往欧洲典当王室珍宝，以支持保皇党。

然而，克伦威尔却下令摧毁王位宝器，他的人冲进了伦敦塔的珍宝屋。负责人是一位保皇党支持者，他拒绝交出金库钥匙，导致自己被捕。珠宝被从王位宝器中取出并出售，贵金属被熔炼成英联邦硬币。只有几件历史文物完好无损：三把17世纪的剑和12世纪的加冕圣匙，后者很可能是为亨利二世或理查一世制作的。幸运的是，这些王位宝器的详细记录保存了下来，1660年君主复辟后，人们又按照记录复制了新的宝器。

克伦威尔于1658年病逝，他被安葬在威斯敏斯特教堂，几周后举行了盛大的国葬。1661年初，他的尸体被挖掘出来，送上了泰伯恩的绞刑架（现在是伦敦的大理石拱门）。1月30日（查

理一世被处决的周年纪念日），他的尸体被施以绞刑，然后又被斩首。克伦威尔的头颅被挂在威斯敏斯特大厅外的尖钉上，一挂就是二十年。在随后的几十年里，它几经易主，直到 1815 年被卖给了一个家庭。1960 年，这个家庭把它捐赠给了克伦威尔的母校——剑桥大学的西德尼·苏塞克斯学院，从此，它被埋葬在学院的小教堂里。

1649 年，奥利弗·克伦威尔下令销毁王室珍宝，这把 12 世纪的加冕圣匙（图中所示的鹰形圣瓶可以追溯到 1661 年）是为数不多的幸存下来的王位宝器之一。

浩劫中幸存的王位宝器 **139**

国王的藏身之处

查理二世（1649—1651年和1660—1685年在位）

查理二世在1649—1651年是苏格兰国王，1660年就任英格兰、苏格兰和爱尔兰国王。虽然被称为"快乐的君主"，但他的称王之路一点也不快乐。

内战爆发时，查理二世只有12岁。在父亲被处决后，他试图夺回王位，但在1651年的伍斯特战役中被击败。伍斯特战役是英国内战的最后一场战役，查理二世的希望彻底破灭了。他的逃亡经历已成为民间传说，传说讲述了查理二世如何躲在什罗普郡博斯科贝尔森林的一棵橡树里，躲过了克伦威尔的军队。

在英国遗产管理局管理的博斯科贝尔府庭院里，有一棵橡树是原始皇家橡树的后代。它旁边是一棵小橡树，是由母树上的橡子发芽长成的。这棵小橡树是威尔士亲王为了纪念查理二世冒险350周年，在2001年种植的。人们在2020年种植了更多的树苗，以重建17世纪的牧场。5月29日是英国传统节日橡树苹果节，以纪念君主复辟。直到维多利亚时代，这一天都是人们的公共假日，在英国许多地方都有人庆祝。

博斯科贝尔府是由狩猎小屋改造而成的，建于17世纪，由吉法德家族建造，他们曾为受迫害的天主教徒提供庇护。当议会议员们放弃了对查理二世的搜寻后，他离开了橡树上的藏身之处，吉法德夫妇收留了他，让他在隐秘的牧师洞里过夜。今天，游客们可以跟随国王的脚步来一场烛光之旅，在烛光下探索这个小小的住处。

1651年10月15日，被悬赏捉拿的查理二世乔装打扮，从苏塞克斯海岸的肖勒姆出发，成功逃离英格兰。他注定要在接下来的九年里流亡国外。

1658年奥利弗·克伦威尔去世后，他的儿子理查德继任护国公。理查德被戏称为"倒下的迪克"，并于第二年辞职。当时，英格兰的政治平衡仍然很微妙，大多数人支持恢复君主制。因此，议会邀请流亡在外的查理二世回国继承王位。1660年5月24日，查理二世从荷兰出发，五天后抵达伦敦。

政府发布了一份声明，赦免了克伦威尔支持者在内战和英联邦时期的行为。但那些签署了查理一世死刑执行令的人例外：有些签署者被送上法庭并被处决，有些被判处终身监禁，有些被终身免职。在议会统治期间已经死去的人中，有些人——比如奥利弗·克伦威尔，被掘出尸体并斩首。

1662年,出于政治目的,查理二世迎娶了葡萄牙已故国王的女儿布拉干萨的凯瑟琳。流亡多年后,查理二世尽情享受着宫廷生活的乐趣,这与他父亲禁欲式的生活方式截然不同,他也因此获得了"快乐君主"的绰号。

博斯科贝尔府的皇家橡树,是1651年查理二世(当时只是苏格兰国王)躲避议会议员时所藏身的橡树的后代。这棵小一点的树是威尔士亲王查尔斯在2001年种下的。

国王的藏身之处 **141**

圣爱德华王冠

查理二世（1649—1651年和1660—1685年在位）

随着君主制的恢复，新王查理二世登上王位。1661年4月23日，他期待已久的加冕典礼成为当时的一桩盛事。他骑马率领队伍从伦敦塔游行到威斯敏斯特教堂，在一个充满象征意义和仪式感的典礼上被加冕为英格兰、苏格兰和爱尔兰的国王。

由于奥利弗·克伦威尔下令销毁了大部分王位宝器，1661年被任命为皇家金匠的罗伯特·维纳爵士为查理二世制作了许多新宝器。在这些新宝器中，最著名的是圣爱德华王冠，它是在加冕仪式上使用的。这顶王冠由22k黄金制成，镶有444颗宝石，重2.23千克。它的造型是四朵鸢尾花和四个十字架支撑着两个倾斜的拱廊，上面是一个代表世界的球体，顶端是另一个十字架。王冠的紫色天鹅绒帽子底边镶着一圈貂皮花边。

查理二世的新王冠也在1689年威廉三世的加冕典礼上使用过，但直到1911年乔治五世的加冕典礼上才再次使用。也是在这一时期，各种宝石被永久性地镶嵌在王冠上。爱德华七世本打算在1902年的加冕典礼上戴圣爱德华王冠，但他当时刚得过阑尾炎，处于康复期，身体比较弱，只能选择戴相对轻巧的帝国王冠。其他国王都是在加冕仪式的最后阶段佩戴帝国王冠的。

查理二世创造的王位宝器还有以下几种：

圣瓶（见139页），里面存放着在仪式最庄严的部分——涂油仪式中使用的香喷喷的圣油。圣瓶由黄金制成，形状像一只展翅的老鹰。

金制马刺，马刺上饰有都铎玫瑰。金制马刺最初是在理查一世的加冕典礼上使用的，源自骑士的册封仪式。

君主宝球，这个空心的金色球体由数百颗宝石装饰，上面有一个十字架，代表基督教世界和君主作为上帝在世间代表的权力。宝石带将球体分成三部分，通常认为这代表着中世纪学者所说的三大洲。

加冕戒指，在20世纪之前，包括查理二世在内的每一位新君主都会制作一枚新的加冕戒指，这枚戒指将成为他们的私有财产，而不是成为王位宝器的一部分。最后一枚加冕戒指由皇家金匠伦德尔和布里奇于1831年为威廉四世制作。爱德华七世选择在1902年的加冕典礼上使用威廉四世的戒指，这一传统被后来所有的君主所传承。

带有十字架的君主权杖，象征着君

圣爱德华王冠和其他王室珍宝一起保存在伦敦塔的珠宝屋。

主在十字架下的世俗权力。在乔治四世1820年的加冕典礼上，匠师们在1661年权杖的十字架底座上增加了一朵珐琅玫瑰、蓟和三叶草。然而，最引人注目的改造发生在91年后。1907年，爱德华七世66岁生日时收到了一个礼物：库里南一号钻石——世界上最大的纯钻。1911年，爱德华的儿子乔治五世加冕时，权杖被重新设计，以容纳这颗硕大的宝石。

公平和仁慈之杖，也被称为带有鸽子的君主权杖。黄金珠宝杆顶部是一个金圈，支撑着一个镶嵌着珐琅鸽子的十字架。鸽子是圣灵的象征，而权杖则代表着正义和仁慈——象征着君主的职责。

今天，英国是欧洲唯一一个在加冕仪式上继续使用王位宝器的君主制国家。目前仍在使用的王位宝器包括是加冕匙、献纳宝剑、臂章和帝国王冠。

圣爱德华王冠 143

博因河之战

苏格兰的詹姆斯七世/英格兰的詹姆斯二世
（1685—1688年在位）

查理二世于1685年去世，他在位25年，经历了两次重大灾难：1665年的大瘟疫和1666年的伦敦大火。在临终前，查理二世皈依了天主教，他还要求弟弟詹姆斯"不要让可怜的内莉挨饿"（他指的是女演员内尔·格温）。查理二世和他的情妇有几个私生子，其中就包括内尔·格温，但由于没有合法继承人，王位传给了他信奉天主教的弟弟——英格兰的詹姆斯二世/苏格兰的詹姆斯七世。

詹姆斯出生于1633年，比查理小三岁。在他15岁那年，父亲查理一世在内战中被囚禁，詹姆斯男扮女装逃到荷兰，开始了流亡生活。在国外的几年里，他曾在法国和西班牙军队中服役，表现英勇。哥哥查理二世复辟后，詹姆斯随之回到英国，任海军大臣，致力于扩张皇家海军。

1660年，詹姆斯和安妮·海德结婚，他们生了很多孩子。不幸的是，多数孩子都夭折了，只有两个孩子长大成人，后来还继承了王位：1662年出生的玛丽和1665年出生的安妮，她们都是新教徒。詹姆斯的第一任妻子死于1671年，两年后，他迎娶了信奉天主教的摩德纳公主玛丽。玛丽也怀孕过很多次，但只有两个孩子长大成人：1688年出生的威尔士亲王詹姆斯·弗朗西斯·爱德华·斯图亚特和四年后出生的妹妹路易莎。

詹姆斯成为国王后不久，在苏格兰面临着阿盖尔公爵的叛乱，在英格兰面临着蒙茅斯公爵（查理二世的私生子）的叛乱。这两次叛乱都是由反对天主教统治的新教徒支持的，后来都被镇压了。1688年詹姆斯的儿子出生时，英国人开始担心未来会有一个天主教王朝。新教支持者希望詹姆斯的女儿玛丽夺得王位，她在1677年嫁给了奥兰治的威廉。这位荷兰王子公开反对詹姆斯的天主教信仰，一群新教贵族敦促威廉入主英国。由此开始了所谓的"光荣革命"。

威廉的入侵几乎没有遇到任何抵抗。詹姆斯疏远了他的陆军和海军，此刻，所有军队都叛变了。詹姆斯把妻子和儿子送到法国，在谈判无果后，他也试图逃往国外。逃亡失败后詹姆斯被逮捕并送回伦敦，后来又被允许到了法国，实际上他已经被废黜。1689年2月，英国议会宣布詹姆斯二世退位，王位由

威廉和玛丽共同继承。

詹姆斯试图夺回王位，并与法军在爱尔兰登陆，希望建立一支自己的军队。1690年7月1日，在德罗赫达镇附近的博因河岸边爆发了博因河战役。詹姆斯战败，梦想破灭，再次逃往法国。这位被废黜的国王在他的表兄——法国国王路易十四位于圣日耳曼昂莱的城堡里度过了余生。1701年，詹姆斯在圣日耳曼昂莱的城堡中去世。

本杰明·韦斯特于1778年的画作《博因河之战》，描绘了1690年7月1日，骑着白色战马的威廉·奥兰治带领军队战胜了废王詹姆斯二世军队的场景。该画原作目前保存在北爱尔兰唐郡斯图亚特山的国家信托财产中。

国王的风向刻度盘

威廉三世（1689—1702年在位）和玛丽二世（1689—1694年共同在位）

威廉三世和玛丽二世都是查理一世的孙辈：威廉三世通过母亲继承了血脉，玛丽二世则通过父亲继承了血脉。玛丽公主（詹姆斯二世的女儿）嫁给奥兰治的威廉时只有15岁。据说，一想到要嫁给一个素未谋面的荷兰人，她就伤心痛哭，但她最终接受了自己作为王室成员的命运。据说威廉非常爱自己的妻子，玛丽性情温和，十分讨人喜欢。

1689年，英格兰和苏格兰议会公约确认了威廉三世和玛丽二世的共同统治。君主制成为一种议会制度，从此以后，联合王国的所有国王和女王都要按照议会认可的规则和惯例进行统治。在支持者看来，除了零星的抗议活动外，这次权力转移基本是和平的，算得上是一场"光荣革命"。

威廉三世驼背、有哮喘、缺乏魅力，但他同时也精明而坚强，从小就接受了处理国家事务的训练。他的主要政策是维持与法国这一欧洲超级大国的联盟关系，而此时詹姆斯二世（仍有支持者）则在法国避难。

威廉三世和玛丽二世不喜欢位于伦敦市中心的中世纪白厅宫，因为它靠近泰晤士河，又冷又潮湿，对国王的健康不利。他们请克里斯托弗·雷恩在肯辛顿建造一座新宫殿，同时，威廉三世又在肯辛顿买了一座名为诺丁汉府的豪宅。与他们在汉普顿宫的乡村宫殿相比，诺丁汉府距离议会更近。

扩建诺丁汉府只花了5个月的时间，到1689年圣诞节，威廉三世和玛丽二世就搬进了这个新的皇家住所，并更名为肯辛顿宫。17世纪90年代，王室在雷恩设计的基础上进一步扩建，形成了一个漂亮的家，有令人印象深刻的大厅、优雅的楼梯和华丽的房间。

女王官邸里有很多漂亮房间：有女王的客厅，玛丽在这里摆满了她收藏的东方瓷器，这里的檐口上装饰着字母W和M交织在一起的图案；还有宽敞的女王画廊，装饰着华丽的土耳其地毯和刺绣丝绸帷幔，女王陛下会在这里消磨闲暇时光。在女王官邸里还有女王楼梯，比国王楼梯规模略小。

国王楼梯毁于1691年的一场大火，之后用大理石重建，墙上壮丽的装饰画则是乔治一世统治时期由威廉·肯特添加的。威廉三世让人在国王官邸里增加

肯辛顿宫国王画廊的风向刻度盘，为威廉三世设计。

了国王画廊。1725年，威廉·肯特为乔治一世创作了辉煌的天花板油画，这座画廊也因此而改变。

国王画廊的壁炉上方有一个风向刻度盘，是1694年为威廉三世制作的。它的指针与屋顶上的风向标相连，并与表盘上的罗盘点一起显示风向，这使威廉国王能够确定海军前进的方向。罗盘围绕着西北欧的地图，而其他各角的装饰画则展现了各大洲的具象场景。风向刻度盘的外部框架和山形墙是威廉·肯特为乔治一世翻新的国王画廊的组成部分。

国王的风向刻度盘 **147**

令人费解的迷宫

威廉三世（1689—1702年在位）和玛丽二世（1689—1694年共同在位）

威廉三世和玛丽二世都热爱花园，在汉普顿宫大力修缮花园，其中包括威廉三世在1700年种植的植物迷宫。

当威廉和玛丽在1689年登上王位时，这对皇室夫妇请克里斯托弗·雷恩扩建了汉普顿宫的宫殿，以享受远离伦敦市中心和白厅尘嚣的郊外环境。雷恩原本打算拆除原有的都铎王朝时期的宫殿，但后来改变了计划。他保留大部分原有建筑，建造了令人惊叹的喷泉庭院，周围是华丽的巴洛克风格的国王官邸。雷恩还增建了通往国王官邸的宏伟的国王楼梯，楼梯间装饰着一幅《亚历山大战胜恺撒》。这幅安东尼奥·韦里奥的作品，将威廉三世描绘成英雄亚历山大，而12个恺撒则代表了他在"光荣革命"中战胜的天主教势力。

玛丽二世喜欢外来植物，修建了下橘园来培育她收集的大量植物，还雇了一名植物学家来照顾它们。1694年，玛丽二世死于天花，年仅32岁，宫内女王官邸的工程因此停止。尽管玛丽在刚知道自己要嫁给威廉时曾心存疑虑，但他们后来一直深爱着对方，国王也因失去爱妻而悲痛欲绝。

这对夫妇在东侧建造了大喷泉花园，13个喷泉掩映在由花坛和彩色碎石组成的复杂景观中，但由于水压较低，喷泉的表现从未达到国王和女王的预期。尽管失去了挚爱的玛丽二世，威廉三世仍继续扩建花园，委托人建造了私密花园和植物迷宫。这座植物迷宫是今天世界上最古老的树篱迷宫，占地约1349平方米，由乔治·伦敦和亨利·怀斯设计。它最初采用的是鹅耳枥，20世纪60年代改用红豆杉，但现在又再次采用鹅耳枥。

威廉三世和玛丽二世没有子嗣，所以威廉打算让玛丽二世的妹妹安妮做自己的继承人。1701年的《王位继承法》规定，英国未来的君主必须是新教教徒。1702年，威廉三世去世。其原因是他骑马时，被鼹鼠丘绊倒。国王重重地摔在地上，摔断了锁骨。后来，在肯辛顿宫休养期间，他又在国王画廊里着凉了，进而发展成肺炎，最终于1702年3月19日去世。而被废黜的詹姆斯二世早在六个月前就去世了。听到威廉死讯后，詹姆斯二世的支持者们纷纷向

"这位穿黑天鹅绒马甲的小绅士"（暗指导致威廉事故的鼹鼠）敬酒。

威廉三世的继任者安妮女王进一步扩建汉普顿宫，对女王官邸和皇家教堂进行了大改造。然而，在王室官邸的工程完成之前，安妮女王就去世了，直到乔治二世（最后一位住在汉普顿宫的国王）统治时期，这些工程仍未完工。

汉普顿宫迷宫的鸟瞰图。1838 年，维多利亚女王首次向公众开放了汉普顿宫，从那时起，这座迷宫就吸引了无数游客。

宏伟的圣保罗圆顶大教堂西侧的安妮女王雕像。圣保罗大教堂是如此具有标志性,以至于在第二次世界大战的伦敦闪电战期间,英国首相温斯顿·丘吉尔宣布"必须不惜一切代价拯救圣保罗大教堂"。

戴着镀金王冠的女王

安妮女王（1702—1714年在位）

在伦敦圣保罗大教堂的西侧，沿着拉德盖特山向拉德盖特广场望去，可以看到那里矗立着安妮女王的雕像。

今天看到的圣保罗大教堂——据信至少是该遗址上的第五座，始建于1675年，其前身在1666年的伦敦大火中焚毁。35年后，克里斯托弗·雷恩才初步完成了重建工作，并最终于1711年安妮女王统治期间正式宣布完工。1712年，雕塑家弗朗西斯·伯德为女王建造的纪念雕像揭幕。随着岁月的流逝，女王雕像严重风化，于是人们又制作了一件复制品，并于1886年揭幕。安妮女王的雕像站在波特兰石质基座上，头戴镀金王冠，身穿带有嘉德勋章领章的长袍，手持镀金宝球和权杖。雕像周围雕刻着象征英国、法国、爱尔兰和北美的雕像。

1702年，36岁的安妮女王从姐夫威廉三世手中继承了王位。她是一个坚定的普通女人，信仰英国国教，支持保守党。保守党总体倾向于拥护君主，而辉格党则倾向于支持拥护拥有土地的贵族。在她的统治下，1707年《联合法案》通过，英格兰和苏格兰合并为大不列颠王国，议会也合二为一。

安妮于1683年嫁给了丹麦的乔治王子。这是一场包办婚姻，但他们是一对忠诚的夫妻。不幸的是，她怀孕了17次，却没有一个孩子能活到成年。

马尔巴罗公爵约翰·丘吉尔的妻子，权势煊赫的萨拉·詹宁斯是安妮女王最好的老友和知己。丘吉尔的胜利让他举国闻名，并得到了布伦海姆宫作为自己的府邸，但他的成就在很大程度上归功于皇家的支持。1692年，安妮的姐姐玛丽二世身体不适，无法前来看望正在经历难产的安妮。孩子出生后，玛丽二世来看望妹妹，并痛斥妹妹和萨拉的友谊。安妮对朋友是如此忠诚，因为这件事再也没有见过姐姐。但几年后，总是在政治、宗教和宫廷事务上说三道四的萨拉和她的丈夫失去了安妮女王的青睐。1711年，他们被解职并逐出宫廷，这一事件导致了议会各派系之间的权力转移。

安妮的丈夫乔治死于1708年，安妮女王也于1714年去世。由于没有子嗣继位，斯图亚特家族的统治宣告终结。1701年的《王位继承法》排除了所有天主教信仰的继承人，安妮的王位由她出生在德国的表亲——汉诺威选帝侯乔治继承。乔治是詹姆斯一世的曾外孙，也是与安妮血缘最近的新教徒亲戚。

巴斯勋章

乔治一世（1714—1727年在位）

巴斯最高荣誉勋章是乔治一世在1725年设立的英国骑士勋章，或者更准确地说，是重新设立的。它的名字来源于中世纪册封骑士的仪式，在这个仪式中，用沐浴象征着净化。

巴斯骑士勋章是英国骑士勋章中第四高级的勋章。威斯敏斯特教堂的亨利七世礼拜堂一直是骑士团指定的礼拜堂，但从1812年起就不在这里举行仪式了，直到1913年，乔治五世恢复了原来的传统。现在，每隔几年就会举行一次授勋典礼，由巴斯勋章骑士团团长主持，骑士团团长的地位仅次于君主。

几个世纪以来，骑士团的制度发生了很大变化。1815年，为了纪念拿破仑战争的结束，骑士团成员被划分为三级：骑士大十字级、骑士指挥官级和骑士随从级。自维多利亚时代以来，骑士团成员通常是高级军官或高级公务员，而女性直到1971年才被允许加入骑士团。军事骑士和民间骑士的徽章不同，各自由数量不等的项圈、星星和徽章组成，其具体构成取决于骑士的等级。

重新设立巴斯勋章时，乔治一世已在位11年了，他是通过母亲的血脉继承王位的。乔治一世的母亲是詹姆斯一世的孙女、汉诺威选帝侯夫人索菲，根据1701年《王位继承法》被指定为安妮女王的继承人。但索菲去世的时间比安妮女王还早两个月，她的长子——不伦瑞克-吕尼堡的选帝侯乔治·路易斯成了下一任英国君主。乔治一世登基标志着汉诺威王朝的开始。

乔治的王位继承权受到了詹姆斯二世儿子詹姆斯·斯图亚特的挑战，詹姆斯·斯图亚特是一个天主教徒，被称为"老觊觎王位者"。1715年，詹姆斯党人的起义没有成功，但后来又爆发了多次起义。

乔治一世不是一个受欢迎的国王，比起新王国，他更喜欢他原来的王国。他几乎不会说英语，把政府工作交由大臣——他所信任的辉格党人完成。1720年，财政大臣罗伯特·沃波尔爵士巧妙地引导议会度过了金融危机，结束了南海泡沫事件带来的尴尬局面，这一成就使沃波尔在1721年成为英国第一任首相。沃波尔也是鼓励国王重新设立巴斯骑士团的关键人物，他自己也被授予巴斯勋章。

这枚巴斯骑士伴侣级勋章被授予纳尔逊海军上将,以表彰他在1797年乔治三世统治期间的圣文森特角战役中所作的贡献。八角银星的中央有三个皇冠,周围是一个红色的珐琅圆环,圆环上用金字镂刻着骑士团的座右铭——"三合为一"。1814年,这枚勋章由霍雷肖·纳尔逊的兄弟作为礼物送给理查德·济慈上将,他在随信中要求济慈接受这枚勋章,"以证明你对我的尊敬,以及你和我亲爱的兄弟之间存在的友谊"。

1682年,乔治和他的表妹索菲·多罗特娅成婚,这是一桩包办婚姻,两人都觉得不幸福。他们有两个孩子,但各自有婚外情。1694年,乔治与索菲离婚,并下令软禁索菲。虽然生活还算舒适,但索菲被禁止见自己的孩子,她的余生都处在监禁之中。

他们的儿子——威尔士亲王乔治,在英格兰比国王更受欢迎。家庭关系的紧张和政治上的分歧使父子之间产生了强烈的厌恶。

甚至直到1727年乔治一世在前往汉诺威的途中中风去世,这种不良情绪仍在持续。乔治一世的葬礼在他的家乡举行,作为继承人的乔治二世却没有出席。

巴斯勋章 **153**

德廷根战役

乔治二世（1727—1760年在位）

乔治一世的长子也叫乔治，1714年随父亲来到英国时已经30岁。这位威尔士亲王和他的妻子——美丽、聪明、轻浮的安斯巴赫的卡罗琳，建立了一个可以与他父亲分庭抗礼的"小宫廷"。在那里，这对夫妇可以尽情享受纸牌和跳舞的乐趣，而把心怀不满的国王蒙在鼓里。

乔治和卡罗琳于1705年在汉诺威结婚。他们搬到英国时已经有了四个孩子。后来，更多的孩子在伦敦出生，其中有三个活到了成年。不幸的是，父子失和的历史重演了，乔治二世和他的长子威尔士亲王弗雷德里克相处得很不愉快。

1727年，乔治二世登基，英国经历了一段和平与繁荣的时期，海外贸易和殖民活动不断增多。那也是地主贵族的鼎盛时期，其豪宅遍布乡村，乔治二世在他们之中结交了许多朋友。

卡罗琳王后喜欢与作家、艺术家和知识分子为伍。她对伦敦的公园有很大的影响，从海德公园（对公众开放）征用土地，扩展了肯辛顿宫周围的私人场地，创建了肯辛顿公园。大约在1728年，她委托人设计了海德公园的九曲湖和肯辛顿公园的长水湖，这是利用泰晤士河支流韦斯本河的一部分筑坝而成的。如今肯辛顿公园的一些特色景点都是卡罗琳王后的功劳，包括圆形池塘和被称为女王神庙的避暑别墅。这座古典风格的避暑别墅是威廉·肯特的杰作，建于1734—1735年。1990年，伊丽莎白二世曾为俯瞰九曲湖的卡罗琳王后纪念碑揭幕。

卡罗琳王后也因其进步的政治思想而闻名。乔治二世不在国内时，总是由卡罗琳王后摄政。王后于1737年去世，这位广受爱戴的王后受到了沉痛地悼念，尤其是国王。虽然乔治二世有很多情妇，但他与卡罗琳王后的婚姻一直很幸福。尽管她临终前劝国王再娶一个妻子，但乔治二世却拒绝这么做。

乔治二世曾是一个勇敢的军人，这是他的一大特点。年轻时，他曾在马尔巴罗公爵手下参加过几次战役，包括1708年西班牙王位继承战争期间的奥德纳德战役，但乔治二世一生中最著名的战役，发生在他将近60岁的时候。1743年，在奥地利王位继承战争期间的德廷根战役中，乔治二世率领步兵徒步前进，击败了法军。他是最后一位亲自率军作战的英国国王。

这幅布面油画由英国艺术家约翰·伍顿（1682—1764）创作，描绘了乔治二世在1743年6月27日的德廷根战役中作战的情景。国王右边是他的儿子——坎伯兰公爵威廉王子。这幅画现藏于英国国家陆军博物馆。

SKYE BOAT SONG.

(Jacobite.)

SPEED, bonnie boat, like a bird on the wing,
   Onward, the sailors cry,
   Carry the lad that 's born to be king
Over the sea to Skye.
      Loud the winds howl, loud the waves roar,
      Thunder-clouds rend the air ;
      Baffled, our foes stand by the shore ;
      Follow, they will not dare.
          Speed, bonnie boat, &c.

Though the waves leap, soft shall ye sleep :
Ocean 's a royal bed ;
Rocked in the deep, Flora will keep
Watch by your weary head.
          Speed, bonnie boat, &c.

Many 's the lad fought on that day
Well the claymore could wield,
When the night came silently lay
Dead on Culloden's field.
          Speed, bonnie boat, &c.

Burned are our homes, exile and death
Scatter the loyal men,
Yet ere the sword cool in the sheath
Charlie will come again.
          Speed, bonnie boat, &c.

HAROLD BOULTON

《斯凯岛船歌》的歌词首次出版于1884年,取材于1746年的卡洛登战役。在这一战役中乔治二世的儿子率军战胜了英俊王子查理。1885年,苏格兰小说家兼诗人罗伯特·路易斯·史蒂文森为这首歌写了新词,他认为新歌词"更符合哀伤的曲调"。

越过海洋去斯凯岛……

乔治二世（1727—1760年在位）

在乔治二世取得德廷根战役胜利的两年后，发生了一件事，并因此有了一首萦绕在苏格兰人心头的悲歌。

1745—1746年的叛乱，是1689年詹姆斯二世统治期间开始的一系列起义的尾声。叛乱起因是詹姆斯二世的孙子查尔斯·爱德华·斯图亚特，试图为他的父亲夺回英国王位。

最后的决战是1746年4月16日的卡洛登战役，查尔斯率领的高地军队勇敢但装备简陋，被乔治二世最小的儿子坎伯兰公爵威廉王子率领的军队所屠杀。据称，战斗持续了不到一个小时，高地军队就被屠戮殆尽。尽管詹姆斯党人有强烈的感情支撑，也有后续的计谋安排，但他们的愿望已经没有实现的可能：汉诺威王朝的王位将稳如泰山。

卡洛登战役后，查尔斯开始逃亡。虽被悬赏捉拿，但他还是在支持者的帮助下逃脱了。弗洛拉·麦克唐纳本不太可能是查尔斯的朋友，她的未婚夫和继父都在乔治二世的军中效力。但正是在她的帮助下，查尔斯乔装成女人，乘船从外赫布里底群岛的本贝丘拉岛来到了内赫布里底群岛的斯凯岛。这一事件被永远记录在《斯凯岛船歌》中。这首歌由哈罗德·埃德温·博尔顿爵士于19世纪80年代创作，由安妮·麦克劳德配乐，其中有英国人耳熟能详的副歌：

> 船儿疾驶，像鸟儿在飞翔，
> 向前！水手们的号子多么嘹亮。
> 载着生而为王的王子
> 越过大海去斯凯岛。

查尔斯最终去了欧洲大陆，开始了流亡生活。弗洛拉·麦克唐纳被捕并被关进伦敦塔，之后于1747年释放。国王的长子也是她的同情者之一。

与此同时，乔治二世与他的长子威尔士亲王弗雷德里克已经疏远多年。由于父母在乔治一世继位后前往英国，弗雷德里克是由汉诺威的亲戚抚养长大的。1728年，21岁的弗雷德里克来到英国，那时他的父亲已经成为英国国王。长期的分离，加之生活方式和政治上的分歧，使他与父母经常争吵。1737年，乔治国王甚至不允许弗雷德里克去看望弥留中的卡罗琳王后。弗雷德里克于1751年意外去世。他和妻子育有九个孩子。1760年乔治二世去世后，弗雷德里克的长子继承王位，成为乔治三世。

白金汉宫

乔治三世（1760—1820年在位）

白金汉宫是伦敦最著名的皇家住宅，在乔治三世买下它时，其规模比现在要小得多。

1760年10月，乔治二世去世，他的长孙——伦敦出生的22岁的乔治王子继承了王位。第二年，乔治三世娶了一位德国公主——梅克伦堡-斯特雷利茨的夏洛特，两周后，夫妇二人的加冕仪式在威斯敏斯特教堂举行。夏洛特王后是一位慈爱而忠诚的妻子，她跟乔治三世共生下了15个孩子。

1761年，也就是乔治三世结婚的那年，他买下了白金汉公爵约翰·谢菲尔德于1705年兴建的白金汉府，当时府邸周围还是一片乡村风光。国王下令对这座建筑进行改造，并以配偶的名义将它重新命名为王后府邸。1818年，夏洛特王后去世，白金汉府开始被称为国王府邸，为其子摄政王将来成为君主做准备。1820年，摄政王即位成为乔治四世，开始把房子改建为白金汉宫——直到今天仍是英国国王在伦敦的官方住所。

乔治三世为自己的英国人身份自豪，并说他以"英国的名义"为荣。与早期和后世的汉诺威家族成员相比，他堪称美德和虔诚的典范。他的爱好很简单，热爱农业（这为他赢得了"农民乔治"的绰号）、工艺和臣民的陪伴，这让他受到很多人的喜爱。他统治下的英国适逢国内外政治动荡，国王须努力应对美国革命和法国革命的挑战，但没有得到多少赞誉。1783年美洲殖民地的丧失对英国来说是一个沉重的打击，国王因此受到了广泛抨击，尽管这些指责多是不公平的。但当1793年法国大革命爆发并与英国爆发战争时，乔治三世又成了反对暴政和无政府主义的爱国主义象征，君主制也比查理二世时期更受欢迎。

很早以前，乔治三世就知道友谊对政治没有什么帮助。他所信任的大臣们，如诺思勋爵（1770—1782年担任首相）被证明是软弱的。然而，不那么讨人喜欢的小威廉·皮特（分别于1783—1801年和1804—1806年任首相）在领导政府渡过动荡时期时，则表现得更为可靠。

从中年开始，乔治三世就一直遭受疾病的折磨，这影响了他的精神和身体。他所患的卟啉症是一种遗传疾病，但在当时无法诊断，被视为"精神错乱"。1788年，国王第一次长期患病，1789年《摄政法案》宣布，如果国王

白金汉宫，威廉·亨利·派恩于1819年出版的《皇家住宅史》中的插图。

处于永久性精神失常状态，威尔士亲王将摄政，君主、宫廷和未成年子女将由夏洛特王后监护。尽管该法案是为了应对乔治三世的病情，但它也意味着乔治三世和夏洛特王后的生活渐渐分道扬镳。从1811年开始，国王陷入永久性精神失常的状态，夏洛特王后真的成了国王的法定监护人，直到她1818年去世。

乔治三世在夏洛特王后去世后又活了15个月，他成了一个终日在温莎城堡走廊上徘徊的悲伤困惑的老人，郁郁而终。他在位59年，统治时间比所有前任都要长。

白金汉宫 **159**

海边宫殿的尖塔

乔治四世（1820—1830年在位）

布莱顿皇家阁的历史可以追溯到18世纪80年代，当时的威尔士亲王乔治（后来的乔治四世）在医生的建议下，在苏塞克斯海岸租了一所房子，让自己有机会"享受海水"。后来，乔治买下了这处房产，并委托建筑师亨利·霍兰德将房屋重新设计为海滨住宅，命名为海洋馆（Marine Pavilion）。

威尔士亲王过着放纵的生活，与他的父亲乔治三世截然不同。风雅、富于想象力的英俊王子让女人们着迷，但过度的吃喝使他成了讽刺画家最理想的对象。

1785年，乔治王子秘密娶了信奉天主教的寡妇玛丽亚·菲茨赫伯特夫人。但这场婚礼是无效的：没有君主的同意，25岁以下的王室成员不允许结婚。

乔治王子的挥霍浪费使他负债累累，他的父亲也拒绝提供经济援助，但议会同意如果他能娶一位合适的公主，就增加他的津贴。结果，1795年，他正式与德国表妹——不伦瑞克的卡罗琳结婚。然而，这段婚姻非常短暂。1796年，他们唯一的孩子夏洛特出生后，乔治与卡罗琳就分开了。

从1811年起，乔治三世病重无法统治，威尔士亲王开始担任摄政王，直到1820年，他以乔治四世的身份继承王位。作为国王，乔治四世对政府没什么兴趣。他放弃了曾经为了激怒父亲而大肆宣扬的激进观点，在刑法、自由贸易以及为天主教徒和非国教教徒增加宗教自由等改革方面几乎毫无建树。

作为王子和国王，乔治喜欢时髦的衣服和同伴。他对布莱顿的兴趣使它成了一个时髦的地方，并给小镇带来了繁荣。大约从1815年起，乔治开始着手将布莱顿皇家阁改造成一座梦幻宫殿。他最喜欢的建筑师约翰·纳什负责扩建和增加房间。皇家阁外部的尖顶、穹顶和尖塔灵感来自印度建筑，内部装饰基于奢华的中国风格。维多利亚女王继承这座建筑后，选择把它卖给小镇，它从此成了一个迷人的旅游景点，至今仍是一个摄政时期奢侈放纵品位的独特纪念地。

在其统治的十年间，乔治四世还将简朴的温莎城堡改造成了舒适的皇家住所，并继续修建白金汉宫——如今成为国王官邸。直到国王去世时，这项修建工作仍未完成，而且成本早已失控。

标志性的布莱顿皇家阁，其装饰外观灵感来自传统的印度建筑。

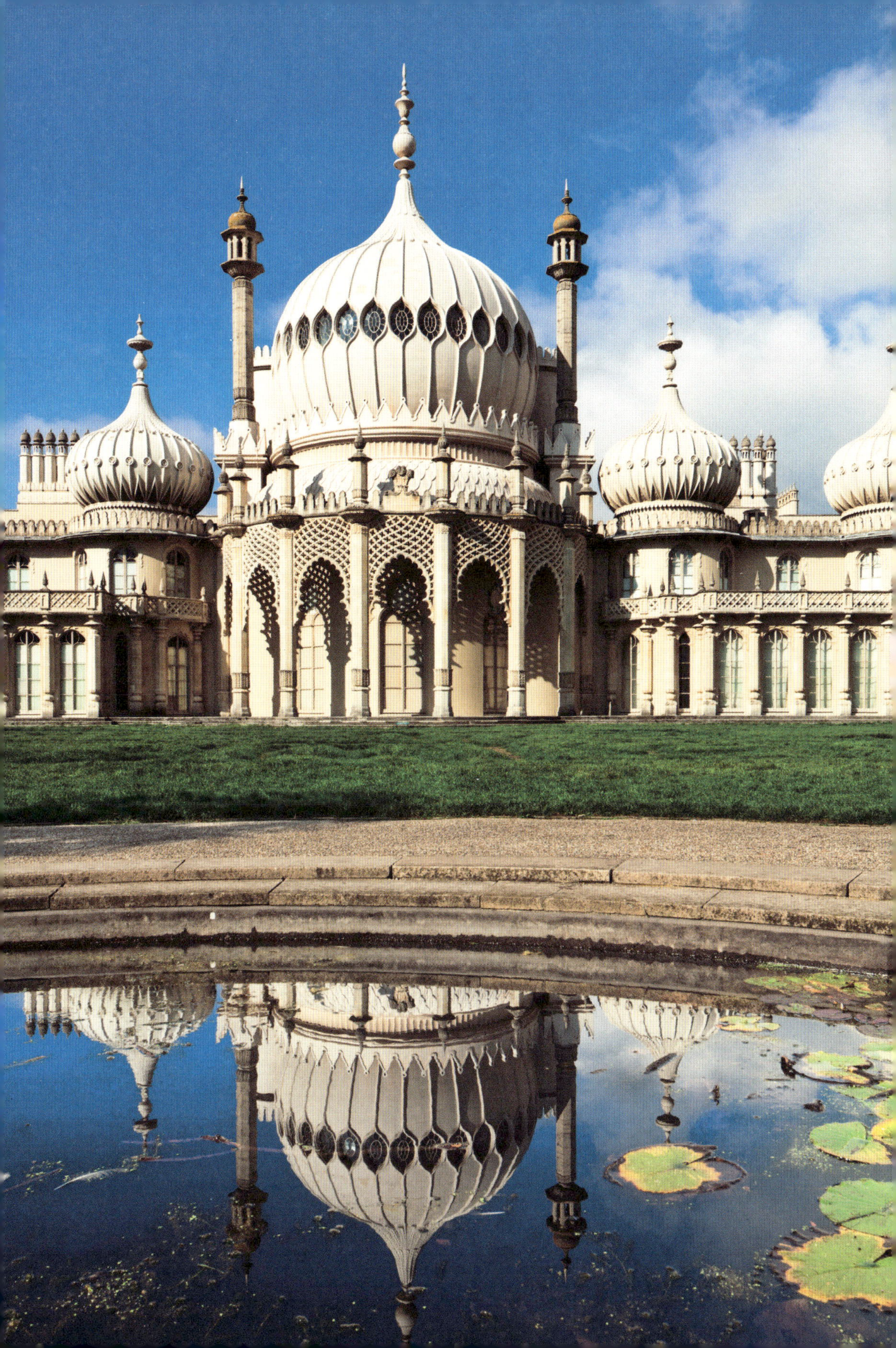

不舒适的金马车

乔治四世（1820—1830年在位）

在白金汉宫隔壁的皇家马厩里，停放着很多皇家马车，在重要的场合中都有它们的身影。在所有的皇家马车中，最壮观的是"王室金马车"。1821年7月19日，金马车在乔治四世加冕典礼上首次出现，这是在威斯敏斯特教堂举行的一场奢华仪式。

王室金马车最初是为乔治三世的婚礼和加冕仪式设计的。这两件盛事都在1761年9月举行，但当时这辆马车没有及时准备好，所以第二年乔治三世在国会开幕时首次使用了它。自从在乔治四世的加冕典礼上使用以来，王室金马车就一直是王室加冕典礼和参与其他国家活动的特定用品。

这辆华丽的马车是由马车制造商塞缪尔·巴特勒根据建筑师威廉·钱伯斯的设计制作的，周身被金箔覆盖，车上的雕塑是约瑟夫·威尔顿的作品。金色的棕榈树一直延伸到车厢顶部，顶上有三个小天使，分别代表英格兰、苏格兰和爱尔兰。这些雕塑支撑着王冠，携带着剑、权杖和骑士勋章。

车厢两侧是意大利艺术家乔瓦尼·奇普里亚尼设计的绘画板。镀金狮子头系皮革绑带，固定在用摩洛哥皮革覆盖的支架上，这一支架也将马车车厢悬挂在车轮之上。车轮上有四个半人半鱼的金色海神，这是神话中的生灵，被用来代表英国的力量：前面的两个吹着螺号，拉着金纤绳，像是在拉着马车前进；后面的两个，拿着罗马束棒（捆成捆的棍子），就像在保护马车一样。

王室金马车长约七米，高约三米，重达四吨，需要八匹马才能拉动，而且只能以步行的速度前进。负责驾车的四名马夫，骑在每对马一侧的马背上。

尽管这辆金马车的内饰是红色天鹅绒和缎子制成的，但很多君主都抱怨过乘坐它非常不舒服。威廉四世说，乘坐它就像乘着一艘船"在汹涌的大海中颠簸"；维多利亚女王抱怨它会产生"令人痛苦的振荡"；乔治六世说，1937年加冕的旅程是"一生中最不舒服的旅程之一"；伊丽莎白二世则回忆说，1953年她加冕的旅程"不是很舒服"。

乔治四世1821年乘坐王室金马车的感想并没有被记录下来，但在他加冕那天，他有更紧迫的事要做。据说，当时58岁的国王身材肥胖，穿着天鹅绒加冕礼袍，戴着卷曲的假发和羽毛帽

子，热得汗流浃背，以至用了19块手帕来擦拭额头上的汗。与此同时，他分居的妻子——来自不伦瑞克的卡罗琳拼命想闯进威斯敏斯特教堂，她坚持认为自己有权加冕为王后。但国王认为卡罗琳无权加冕，拒绝她进入教堂。卡罗琳尝试了每一个入口，但都被警卫拒之门外，最终不得不认输。由于无法参加加冕礼，卡罗琳王后感到非常尴尬和沮丧，她病倒了，并于19天后去世。

在伦敦的皇家马厩，可以看到皇家收藏的金马车。

乔治四世没有再婚，他唯一的亲生女儿夏洛特于1817年死于分娩并发症。乔治三世的二儿子约克和奥尔巴尼公爵弗雷德里克王子死于1827年，无子。所以，1830年，乔治四世去世后，乔治三世的三儿子克拉伦斯公爵威廉王子继承了王位。

新伦敦桥海报

威廉四世（1830—1837年在位）

1817年6月18日，摄政王（后来成为乔治四世）和惠灵顿公爵启用了伦敦的滑铁卢大桥。14年后的1831年8月1日，乔治四世的继任者——他的弟弟威廉四世出席了伦敦另一座桥——新伦敦桥的开通仪式。

作为乔治三世的第三个儿子，威廉从未想过自己会成为国王。他早年曾加入皇家海军，在纳尔逊上将手下服役。他在1790年退伍，其职业生涯为他赢得了"水手王"的绰号，但他还有一个不讨人喜欢的绰号叫"傻比利"，可能是因为他容易激动，不那么世故圆滑。威廉与女演员多萝西娅·乔丹同居了多年，养育了十个孩子，但在1818年，在王室的压力下，他娶了萨克森－迈宁根的阿德莱德公主。

侄女夏洛特公主和哥哥弗雷德里克王子的过早离世，让威廉王子在62岁生日前几天成为法定继承人，并在64岁时成了国王。他简朴的加冕仪式与乔治四世形成了鲜明对比，但威廉对成为君主感到非常兴奋。据说，他喜欢坐在马车里在伦敦闲逛，愉快地向过路人挥手。

1831年夏日的一天，新伦敦桥开放，人群挤在泰晤士河岸边，观看装饰华丽的驳船驶过。而在桥上，威廉四世和阿德莱德王后带领着群众进行游行，并在为庆祝活动而支起的帐篷里参加了宴会。

那时，在伦敦桥横跨泰晤士河的地方已经有过好几座桥了，最古老的可以追溯到罗马时代。第一座石桥始建于1176年，是亨利二世在忏悔中下令建造的。在桥中间是一座献给坎特伯雷大主教托马斯·贝克特的小礼拜堂。桥上的房屋被用作商店，是当时伦敦的主要购物区之一。

伦敦桥也成了悬挂罪人头颅（浸在柏油里煮熟保存）的地方。几个世纪以来，这些罪人包括：被爱德华一世下令斩首的苏格兰叛军领袖威廉·华莱士（1305）、拒绝取消亨利八世与阿拉贡的凯瑟琳的婚姻的托马斯·莫尔（1535年）、因参与安排亨利八世与克利夫斯的安妮的短暂婚姻而失宠的托马斯·克伦威尔（1540年）。

1799年，有一场设计新伦敦桥的比赛，参赛者包括托马斯·特尔福德，但约翰·雷尼的设计最终被选中。工程开始于1824年，七年后威廉四世

纪念海报，描绘了1831年伦敦桥正式开放的情景。

统治时期正式开放通行。到 1896 年，伦敦桥是伦敦最繁忙、最拥挤的地方。它被拓宽了，但在接下来的几十年里，调查显示它在不断下沉，需要进行更换。

1968 年，一位伦敦市议员想出了一个绝妙的主意，把这座桥卖给了一位美国石油大亨。这位买家否认了购买塔桥的相关报道。伦敦桥的外部石雕被一块块地拆下，在美国亚利桑那州的哈瓦苏湖市重建。今天看到的伦敦桥建于 1967—1972 年。1973 年 3 月 17 日，伊丽莎白二世正式为这座新桥揭幕。

威廉四世短暂的统治被改革危机所主导，他勉强接受了 1832 年的改革法案，该法案根除了英格兰和威尔士选举制度中一些严重弊端。

1837 年 6 月 20 日，威廉四世去世，没有留下具有合法继承资格的子女，他的侄女维多利亚继承了王位。在即位一个月前，维多利亚刚满 18 岁，这个年龄避免了摄政的安排。

新伦敦桥海报

世界上第一张邮票

维多利亚（1837—1901 年在位）

维多利亚时代拥有无数发明、快速增长和深远变化。1840 年，世界上第一张黏性预付费邮票——"黑便士"邮票问世，这枚邮票在维多利亚女王即位三年后开始发售。

亚历山德里娜·维多利亚公主（通常被称为维多利亚）出生于 1819 年，是肯特和斯特拉森公爵爱德华王子（乔治三世的第四个儿子）和萨克森-科堡-萨尔菲尔德公爵的女儿维多利亚公主的独生女儿。萨克森-科堡-萨尔菲尔德的维多利亚于 1814 年丧偶，1818 年嫁给爱德华王子时已经有两个孩子。不幸的是，在维多利亚出生 8 个月后，父亲爱德华王子就去世了。

维多利亚出生时是第五顺位继承人，排在摄政王（后来的乔治四世）、约克和奥尔巴尼公爵弗雷德里克、威廉王子（后来的威廉四世）和她的父亲肯特公爵之后。由于父亲和祖父在一周内相继去世，维多利亚成了第三顺位继承人。威廉四世没有合法的继承人，他的侄女维多利亚成了他的继承人。1837 年 6 月 20 日，18 岁的维多利亚公主在肯辛顿宫的家中被叫醒，得知自己已成为女王。

此时英国的君主制正处于低谷，人们不再指望君主实际治理国家，只需要在形式上统治就好。但维多利亚恢复了人们对王室的尊重，就像她之前的伊丽莎白一世一样，她体现了国家和时代的精神。

1840 年 2 月，维多利亚嫁给了自己的表兄——萨克森-科堡-哥达 20 岁的阿尔伯特王子。维多利亚比阿尔伯特大 4 个月，1839 年在他们第二次见面的五天后，维多利亚在温莎城堡向阿尔伯特求婚。维多利亚女王是汉诺威王室的最后一位英国君主，她与阿尔伯特王子的婚礼标志着英国新王室萨克森—科堡—哥达王室的诞生。

维多利亚和阿尔伯特的结合给他们两人都带来了巨大的幸福和满足。尽管阿尔伯特有时会因为亲王的身份限制感到沮丧——这个头衔直到 1857 年才正式授予，但他仍然在英国国内政治和外交事务上积极协助女王，他们的关系给英国带来了很多积极影响。

"黑便士"在他们结婚三个月后开始销售。预付邮票的想法是由学校校长、发明家和社会改革家罗兰·希尔提出的，这一发明是为了促进英国邮寄过程的简

世界上第一枚邮票"黑便士"发行于1840年。

化和成本的标准化。在此之前，邮资是由收货人在送货时支付的。"黑便士"对重量不超过 0.5 盎司（14 克）的信件收取固定费用，无论邮寄距离有多远。

"黑便士"上的维多利亚女王肖像是查尔斯·希斯和弗雷德里克·希斯父子根据亨利·科博尔德的素描雕刻的，这幅素描又取自威廉·怀恩的素描。1837 年，维多利亚访问伦敦城时，一枚纪念章上使用了这幅肖像。在她漫长的统治期间，这幅年轻的维多利亚肖像一直印在英国邮票上，直至今天，英国邮票上仍印有这位君主的肖像或剪影。第一批邮票也不需要显示发行国，而英国仍然是世界上唯一一个不在邮票上印国名的国家。

黑便士邮票之所以罕见，是因为在 1841 年 2 月，它就被红便士邮票所取代。因为在黑便士邮票上，标记是否重复使用的墨水是红色的，既难以辨认，也很容易移除。而红便士邮票上使用的黑墨水更醒目，也更难去除。

世界上第一张邮票 **167**

皇家公主受洗仪式

维多利亚（1837—1901年在位）

维多利亚女王和阿尔伯特亲王生育了九个孩子，第一个是维多利亚公主，出生于1840年11月。1841年11月，威尔士亲王阿尔伯特·爱德华出生，其昵称为伯蒂。这对夫妇最小的孩子比阿特丽斯出生于1857年。

1841年2月10日，由坎特伯雷大主教主持的皇家公主受洗仪式在白金汉宫的王座厅举行。维多利亚女王为她的女儿定制了一件霍尼顿蕾丝礼服，由女裁缝珍妮特·萨瑟兰制作。萨瑟兰也凭借手艺作品被授予了女王刺绣师的称号。这件礼服由斯皮塔菲尔德丝绸（被认为是当时伦敦最好的丝绸）制成，上面覆盖着精致的手工霍尼顿蕾丝，设计风格与维多利亚女王的结婚礼服相似。

后来，总共有62个王室孩子穿过这件衣服，尽管早在1875年，在一名孙女受洗后，维多利亚女王在她的日记中写道："婴儿穿着旧的受洗长袍，袍子几乎没法系紧了。"

从1842年维多利亚女王的儿子伯蒂（后来的爱德华七世）到1982年查尔斯王子的儿子威廉王子，每一位王位继承人都穿过它。它最后一次出现是在2004年爱德华王子的女儿路易丝·温莎夫人的受洗仪式上，当时她在温莎城堡的私人教堂接受洗礼。在那次活动之后，伊丽莎白二世委托裁缝安吉拉·凯利照着原版的样子制作了一件新礼服。2008年，路易丝夫人的弟弟塞文子爵詹姆斯在温莎城堡的受洗仪式上首次穿上了这件新的受洗长袍。

除了受洗礼服，维多利亚女王还委托人为维多利亚公主制作了一个百合圣杯（现在是王室珍宝的一部分），从那以后，它就一直出现在王室洗礼仪式上。这款银鎏金圣杯是由伦敦巴纳德银匠公司制作的，得名于环绕在圣杯周围的睡莲，据说这代表着新生命。支撑圣杯的是一根茎，周围是三个演奏竖琴的小天使。圣杯的圆形底座上有三种盾形纹章，19世纪40年代的记录显示，有人对其中一枚纹章进行了修改：这件器皿是在维多利亚和阿尔伯特的第一个孩子出生之前委托雕刻家创作的，雕刻家可能认为这个孩子会是男孩，所以在公主受洗之前需要对其进行修改。关于这一事件，维多利亚女王在日记中写道："阿尔伯特和我都认为一切都进行得很漂亮，很有尊严。"

查尔斯·罗伯特·莱斯利的画作《皇家公主维多利亚的洗礼》显示，高43.2厘米的百合圣杯立在桌子上。在后来的洗礼仪式上，它要么被放在1660年查理二世定制的洗礼盆里，要么被放在1738年乔治三世接受洗礼时首次使用的洗礼盆里。

伊丽莎白二世的子女和孙辈都使用百合圣杯接受洗礼，并按照传统使用约旦河的水。唯一的例外是尤金妮公主，她于1990年12月在桑德林汉姆宫的圣玛丽莫德林教堂接受洗礼，这是第一个接受公开洗礼的王室婴儿。当时的规定是不允许将百合圣杯带离伦敦，但后来这一规定有所放宽。2015年7月，威廉王子的女儿夏洛特公主在桑德林汉姆宫的教堂接受洗礼时，也使用了百合圣杯。

查尔斯·罗伯特·莱斯利（1794–1859）创作的《维多利亚公主的洗礼》，这幅布面油画是皇家收藏的一部分。这位艺术家曾写信给首相墨尔本勋爵，询问他是否可以为洗礼仪式作画。维多利亚女王允许他参加仪式，在仪式上，他"为站在房间里圣坛周围的王室人物画了一幅素描"。王室人物包括：婴儿的皇室赞助人（教父母）阿德莱德王后（皇太后，在画中走上前为婴儿取名）、格洛斯特公爵夫人、肯特公爵夫人、比利时国王、苏塞克斯公爵、还有萨克森–科堡和哥达公爵，威灵顿公爵是他的代理人。

皇家公主受洗仪式

维多利亚女王位于奥斯本庄园的私人海滩,于2012年首次向公众开放,海滩旁有女王的私人淋浴机。

皇家沐浴机

维多利亚（1837—1901年在位）

1843年，维多利亚女王和阿尔伯特亲王想要寻找一个海滨度假胜地，远离他们在伦敦和温莎的繁忙生活。有人向他们推荐了怀特岛东考斯的奥斯本庄园，他们最初租用了这所被女王称为"亲爱的小家"的房子，其后在1845年买下了它。

原有的房子对不断壮大的王室家庭来说太小了，于是阿尔伯特亲王委托建筑师托马斯·库比特建造一座新居，而不是改变现有的房子。两人一起合作，建造了一座意大利风格的别墅。阿尔伯特亲王还监督了房子周围花园的设计，以及公园和游乐场的改造。他是一个忙碌的人，除了作为妻子的配偶履行公共职责外，他还监督重建了夫妇二人在1852年购买的另一处房产：阿伯丁郡的巴尔莫勒尔堡。维多利亚曾称巴尔莫勒尔堡为"亲爱的天堂"，至今仍然是皇室的私有财产。

在奥斯本庄园，维多利亚女王和家人享受着海滩，有一段海滩是留给他们专用的。维多利亚女王的孩子们在这里学会了游泳。阿尔伯特亲王非常相信在海水中沐浴是有好处的，并安装了木制沐浴机。沐浴机会被推进海里，维多利亚女王在通过坡道下水前，可以在这里换上泳衣以保持端庄的形象。

在1847年7月30日的日记中，维多利亚写下了她参观海滩和使用沐浴机的经历："……我脱了衣服在海里洗澡（这是我一生中第一次），一个非常漂亮的女士陪着我。我一直以为这非常令人愉快，直到我把头埋到水里，我才惊觉到我要窒息了。"

1861年，阿尔伯特亲王的去世使维多利亚女王遭受重创，但奥斯本庄园的扩建工作仍在继续。其中包括1880年建造的一座私人礼拜堂，十年后建造的邓巴厅及用于娱乐的豪华接待室。

1901年，维多利亚女王在奥斯本庄园去世。次年，在爱德华七世加冕的那天，他把这项房产交给了国家，但把父母的私人房间封存了。1904年，奥斯本庄园低层的部分房间向公众开放，庄园其他部分则供皇家海军学院使用，庄园的一翼在第一次世界大战期间作为部队康复医院使用。1954年，伊丽莎白二世允许维多利亚女王和阿尔伯特亲王的住所向公众开放，1986年，英国遗产管理局接管了这一房产，而该地也成了一个备受喜爱的旅游景点。

挚爱纪念碑

维多利亚（1837—1901年在位）

矗立在伦敦肯辛顿公园的阿尔伯特纪念碑是世界上最好的纪念碑之一。

阿尔伯特亲王是一位忠诚的丈夫和父亲，在英国公众看来，他和维多利亚女王组成了一个理想的家庭。然而，令这对夫妇失望的是，他们的大儿子威尔士亲王在性格和行为上都不像自己的父亲。

在大英帝国鼎盛时期，阿尔伯特亲王是维多利亚女王的坚定支持者。她勤劳、聪明的丈夫对现代世界的许多事情都深感兴趣——无论是社会改革还是1851年的"世界博览会"。他还把圣诞树等德国习俗介绍给了英国，在英国创造了一个延续至今的传统。但尽管他有这么多优点，许多人还是认为阿尔伯特亲王是一个局外人，从来没有真正归属英国。

1861年11月，阿尔伯特亲王在一次军事检阅中着凉了，但他继续兢兢业业地履行着公务。他的身体越来越不舒服，后来被诊断为伤寒。1861年12月14日，阿尔伯特亲王在温莎城堡中去世。维多利亚女王被击垮了，暂时退出了公众生活。

为了纪念她的丈夫，维多利亚女王委托乔治·吉尔伯特·斯科特设计了阿尔伯特纪念碑。它于1872年揭幕，展示了阿尔伯特亲王的许多爱好。各个角落的人物分别代表了非洲、美洲、亚洲和欧洲，再往上则代表农业、商业、工程和制造业——所有这些人物的顶端都有镀金的美德天使。纪念馆对面是1871年开放的皇家阿尔伯特音乐厅。音乐厅最初被命名为艺术与科学中央大厅，1867年维多利亚女王为它奠基时，为了纪念她的丈夫更改了它的名称。

19世纪70年代末，维多利亚女王开始恢复一些正常的公共活动，但她已经成为一个遥远的有名无实的领袖。当悲伤的女王不允许威尔士亲王在王室的仪式上露面，而她自己也在大部分时间里一直躲着时，人民的同情变成了不耐烦，甚至是怨恨。

对维多利亚女王的批评并不完全合理，因为她仍在幕后工作。在她的统治期间，共有10位首相在位，其中有几位不止一次担任过首相，包括她最亲近的本杰明·迪斯雷利。这位孤独的寡妇在儿孙们的陪伴中找到了安慰，还有像约翰·布朗这样的仆人相伴。人们在1887年庆祝她的金禧年（即位50周

阿尔伯特纪念碑：镀金的阿尔伯特亲王手持1851年世界博览会的目录。世界博览会曾在海德公园的水晶宫举行，阿尔伯特亲王是该展览举办的推动者。

年），在1897年庆祝她的钻禧年（即位60周年），这让她的精神振奋起来。当时维多利亚女王是欧洲在位时间最长的君主。

维多利亚女王生命的最后几周是在怀特岛的奥斯本庄园度过的。1900年圣诞节期间，她变得虚弱不堪，于1901年1月22日安详地离世。她在位64年，以她的名字命名了一个时代，这个时代见证了铁路和轮船的出现，见证了工厂、煤矿、工会的出现和妇女解放运动的兴起。随着英国的实力和声望达到顶峰，科学、新技术和社会思想的发展从根本上改变了经济、地标和日常生活。

拥有如此宝贵的遗产，在白金汉宫外修建雄伟的维多利亚女王纪念堂或许是唯一正确的选择。它是雕塑家托马斯·布洛克爵士最著名的作品，由维多利亚女王的孙子乔治五世于1911年揭幕，其宏伟程度至少堪与阿尔伯特纪念碑相当。

挚爱纪念碑

国家朗道

爱德华七世（1901—1910）

朗道车是一种有折叠车顶的四轮马车，由一组马夫骑着的马拉着。很多朗道车被安置在伦敦的皇家马厩，人们通常认为最好的一辆是1902年为爱德华七世加冕而建造的国家朗道（State Landau）。

这辆车由威斯敏斯特的豪华马车制造商胡珀公司（Hooper & Co）制造。1903年，伦敦马车游行协会创始人兼主席沃尔特·吉尔贝在一份简介中写道："为了获得更好的装饰效果，车的面板被漆成紫红色，比一般的漆要亮得多。镀金木雕装饰线条勾勒着车身轮廓，其造型是重叠的橡树叶。"门板上有皇家纹章，车身的每个角落都有装饰性的黄铜灯，车的内饰是用深红色缎子制成的。

1902年的国家朗道由六匹马拉着，由三位车夫驾驶。皮革车顶可以开成两半，让观众尽可能地看到乘客。直到今天，它仍然是载着君主参加国家庆典游行或载着来访的国家元首游行的最佳车辆。它还被用来载着王室新郎新娘进行婚礼后的游行，包括1981年查尔斯王子和戴安娜的婚礼，以及2011年威廉王子和凯瑟琳·米德尔顿的婚礼。

然而，爱德华七世是第一位乘坐1902年国家朗道的国王。阿尔伯特·爱德华王子（伯蒂）出生于1841年，等了近60年才成为国王，这一记录后来被他的曾曾孙查尔斯王子打破。年轻时，伯蒂对上流社会的兴趣，对美食美酒、赛马和赌博的热爱，让他的父母深感不安。英国最富有的家庭欢迎他参加周末聚会，他的风流韵事是社会中公开的秘密。1863年，他与丹麦的亚历山德拉公主结婚。在公众看来，这段婚姻既亲切又体面，而对他们的五个孩子来说，伯蒂是一位慈祥的父亲。不幸的是，1892年，他们的大儿子阿尔伯特在桑德林汉姆宫死于肺炎。桑德林汉姆宫位于诺福克，是伯蒂在1862年购买的。

爱德华七世原定于1902年6月26日在威斯敏斯特教堂举行加冕典礼，但在典礼前几天他患上了阑尾炎。从紧急手术中恢复过来后，他的加冕仪式改在8月9日举行。加冕仪式上还有一些意外的小插曲：年事已高、视力不太好的坎特伯雷大主教将祈祷文用大字印了出来，但仍读错了一些词。加冕时，他还将王冠反戴在了国王的头上。

伯蒂选择以爱德华七世作为自己

的封号，而不是使用自己的名字阿尔伯特，是因为他不想影响父亲的历史地位，希望"阿尔伯特"成为父亲独有的名字。事实证明，爱德华国王比许多人预想得更优秀。年轻时，他曾希望从军，但没被允许，但军事和海军事务仍然是他毕生的兴趣所在。他在政治上较为保守，执政期间推出了英国首个养老金计划，并促成了《国家保险法》的制定。他对外交事务的兴趣促成了1904年英法友好协定的成功谈判。但爱德华七世没能抑制住他侄子德皇威廉二世的野心。

爱德华七世于1910年5月6日去世，距离他努力阻止的战争（第一次世界大战，编者注）爆发还有四年时间。

皇家马厩里的1902年国家朗道。现在的皇家马厩是在白金汉宫为乔治四世建造的，于1825年完工。

A MESSAGE TO YOU
FROM THE KING.

BUCKINGHAM PALACE.

1918.

The Queen & I wish you God-speed, a safe return to the happiness & joy of home life with an early restoration to health.

A grateful Mother Country thanks you for faithful services.

George R.I.

第一次世界大战后的信件

乔治五世（1910—1936年在位）

爱德华七世的长子阿尔伯特于1892年1月去世，年仅28岁。阿尔伯特的去世标志着其弟弟乔治的皇家海军生涯终结：他已是王位继承人了。

1893年，乔治（1892年5月被封为约克公爵）迎娶了泰克公爵的女儿维多利亚·玛丽公主，她曾是阿尔伯特王子的未婚妻。1911年6月22日，他们在威斯敏斯特教堂一同加冕。同年晚些时候，乔治五世成为第一位访问印度的英国统治者，国王和王后一起访问了印度次大陆。

乔治五世在维多利亚时代的传统社会中长大，有皇家海军的参军背景，他的举止处处透露出一种严肃的军人作风，精力充沛而又富有尊严地履行着君主的责任，从未动摇过他对职责的忠诚。

在乔治五世掌权后不久，他就面临着一场宪法危机。当时，上议院的保守党否决了自由党提出的一项议会法案，该法案旨在限制保守党在下议院制定预算的权利。在大臣们的建议下，国王勉强同意召集足够的议员来制衡保守党在上议院的反对力量，但这一举动最终被证明是没有必要的，随后，《1911年议会法案》得以通过。

然而，在短短几年内，乔治五世的统治就集中在第一次世界大战及其余波上。在战争期间，他参观了数百家工厂、造船厂和医院，几次访问西线的部队，还为拒服兵役者和德国战俘寻求人道待遇。玛丽王后陪同他进行了多次访问，同时，她还坚持在白金汉宫进行节俭活动，限量供给食物，以积极应对战争。

随着第一次世界大战的推进，出于对反德情绪的尊重，英国王室于1917年将姓氏从萨克森-科堡-哥达改为温莎。1918年，战争以德国战败、威廉二世退位并流亡而告终。威廉二世是乔治五世的表亲。战后，威廉二世终生被俄国革命事件的回忆所困扰：1918年7月，沙皇尼古拉二世（威廉的表亲）和王后以及他们的五个孩子一起被处决。

战争结束后，生病、受伤的士兵或战俘在离开医院或收容营之前，每人都收到了乔治五世的信，信中对他们的忠诚服务表示感谢。这些信件内容借助平版印刷技术印在白金汉宫的信纸上，人们通常认为这代表着英国君主批量生产信件进行通信的开端。

乔治五世的信件由动员部和中央战俘委员会分发给第一次世界大战结束后准备回家的士兵。

国王送给王后的礼物

乔治五世（1910—1936年在位）

1867年，乔治五世的妻子维多利亚·玛丽公主出生在肯辛顿宫，她的家人称她为"五月"，这正是她出生的月份。

作为约克公爵和公爵夫人，这对夫妇婚姻幸福，生育了六个孩子，都是在乔治登基前出生的。1910年，乔治在父亲去世后继位，他的妻子被称为玛丽王后，而不是维多利亚王后，因为维多利亚是她丈夫祖母的名字。而她更熟悉的名字"五月"被认为太不正式。她是自亨利八世的第六任妻子凯瑟琳·帕尔以来，第一位出生在英国的英国王后。

乔治五世在位期间，一直得到玛丽王后的坚定支持。在第一次世界大战期间，玛丽王后多次单独访问医院和工厂，也和丈夫一起进行类似的访问，包括1917年对西线的访问。她孜孜不倦地努力着，即使她的健康开始受到影响，也丝毫不放松。

第一次世界大战使乔治五世的早期统治蒙上了阴影，爱尔兰的麻烦又是另一层阴霾——在19世纪末，支持地方自治的人越来越多了。1916年都柏林的复活节起义和随后的内战导致了1922年爱尔兰自由邦（后来的爱尔兰共和国）的建立，而北部的六个郡仍然是英联邦的一部分。

1919年，国王和王后最小的孩子约翰因癫痫症去世，年仅13岁。玛丽王后在世期间还失去了另外两个儿子：1942年死于空难的肯特公爵，以及10年后死于癌症的乔治六世。

20世纪20年代初，乔治五世委托英国著名建筑师埃德温·鲁琴斯爵士为玛丽王后设计了一个玩偶屋，这一礼物将为该时期精美的豪宅提供历史记录，也将为慈善机构筹集资金。完工后，玩偶屋于1924—1925年在伦敦举行的大英帝国展览会上展出。次年起，它被永久陈列在温莎城堡，直到今天，游客们仍然可以在那里欣赏它。

玩偶屋的每一个细节都完美无缺。它按正常尺寸的十二分之一建造，有40多个房间，是20世纪20年代生活的缩影。房子里有电灯、两部电梯、冷热水管道、一台微型真空吸尘器和燃煤灶具。有一个图书馆和专门创作的微型油画作品。餐厅里有一张桌子，可以提供14个座位。最大的房间是客厅，里面有两个座位和一架大钢琴。从外观上

看，这座房子代表着古典传统的豪宅，拥有格特鲁德·杰基尔设计的花园，花园里有金属花，甚至还有小蜗牛。车库存放着六辆汽车，包括一辆小小的劳斯莱斯银魅。玛丽女王说，这是"任何人都想收到的最完美的礼物"。

玛丽王后玩偶屋的内部细节，创作于1921—1924年。

历史性广播的照片

乔治五世（1910—1936年在位）

"借助这项现代科学奇迹，我得以在这个圣诞节对全国人民讲话。"1932年，乔治五世发表了首个君主圣诞致辞，开启了一个备受期待的节日传统。

那是一段动荡不安的岁月。1924年，由拉姆齐·麦克唐纳领导的英国首届工党政府开始执政。1929年，美国华尔街崩盘后的经济萧条产生了深远的影响。同年，乔治五世说服工党领袖组建一个由各党派组成的国民政府，并在1931年的选举中获胜。

在第一次世界大战之后，大英帝国也在不断发展。1926年，英国和各自治领达成一致，他们的地位将是平等的，"因对王室的共同忠诚而团结在一起"。1931年，一份正式宣言宣告了英联邦的成立，后来英联邦又花了近20年的时间演变成今天的形态。

在一个变革的时代，出于保持团结的需要，约翰·里斯爵士首次提出进行圣诞演讲的提议，他是BBC（英国广播公司）的总经理，于1922年创立了BBC。

由于当时还没有电视，国王的圣诞祝词要通过广播（在当时被称为无线广播）发出。这标志着BBC帝国服务（现在的BBC世界服务）的开始。在拉姆齐·麦克唐纳首相的建议下，记者兼作家拉迪亚德·吉卜林——帝国的狂热支持者帮助撰写了1932年那场历史性的演讲稿。

对于数百万臣民来说，这是他们第一次听到乔治五世的声音。当天下午3时25分，乔治五世在桑德林汉姆宫（英国君主传统上在这里过圣诞节）向世界各地的臣民发表了讲话，比原定的开始时间（下午3时）稍晚。这个时间是经过精心选择的，以便帝国的大多数自治领都能收听。国王的演讲只有231个单词，持续了两分半钟，最后以这样一句话结束："致所有人——致每个人圣诞快乐。上帝保佑你！"

国王陛下对他所收到的热烈反馈感到非常高兴，并在随后的几年里做了类似的广播。他最后一次发表圣诞致辞是在1935年12月。他的声音听起来比前几年弱多了，他谈到了喜怒哀乐，包括他自己的。不到一个月，1936年1月20日，乔治五世去世。

1936年没有王室的圣诞致辞。乔治五世的继任者，他的长子爱德华八世，在圣诞节前两周宣布退位。1937年的圣诞致辞来自新国王乔治六世，但直到 1939 年第二次世界大战爆发，皇室才将圣诞致辞确立为一年一度的活动。

1957 年，又迎来了一个历史性的时刻，伊丽莎白二世在圣诞节致辞的开头就总结了这一点："圣诞快乐。25 年前，我的祖父第一次通过广播发表了这样的圣诞致辞。今天是另一个里程碑，因为电视使你们中的许多人有可能在圣诞节那天在家里看到我。我自己的家人经常聚在一起看电视，就像他们此刻一样，这就是我想象中你们现在的样子。"

之前的电台广播都是在桑德林汉姆宫进行现场直播，如今却是第一次在电视上播出了圣诞致辞。1959 年，伊丽莎白二世的王室致辞首次被预先录制，于圣诞前一周在白金汉宫进行拍摄。

1932 年，乔治五世首次发表圣诞致辞。桑德林汉姆宫的两个房间被临时改造为广播间，麦克风通过邮局的固定线路连接到伦敦的广播大厦。

一张照片，一位女王，三位未来的国王

爱德华八世（1936年在位）

世界上第一张照片拍摄于1826年，而英国的第一张照片拍摄于1835年，当时维多利亚女王还是一个只有16岁的小公主。这张维多利亚女王年迈时和三个继承人的合影拍摄于1894年，记录了另一个独特的时刻。这是在维多利亚女王曾孙的受洗仪式上拍摄的照片，这个孩子被家人们称为大卫，后来成了爱德华八世。照片上还有维多利亚的儿子摄政王，后来成了爱德华七世，以及女王的孙子乔治王子，后来成了乔治五世。从那以后，类似的照片只出现过一次：2013年，伊丽莎白二世和她的三个继承人在曾孙乔治王子的受洗仪式上拍了合影。与女王一同出现在照片中的除了曾孙乔治王子，还有她的儿子查尔斯王子和孙子威廉王子。

1894年合影中的婴儿大卫，即爱德华·阿尔伯特·克里斯蒂安·乔治·安德鲁·帕特里克·大卫王子，是乔治五世和玛丽王后的长子。1910年6月23日，他在自己16岁生日那天被封为威尔士亲王，并于1911年7月在卡那封城堡举行了受封仪式。

大卫魅力十足，不拘一格，是一位受人爱戴的王子，他渴望在第一次世界大战期间到军中服役，这使他更受欢迎。1914年，他加入了掷弹兵近卫团。但在战争大臣基奇纳勋爵的坚持下，他没有上前线，因为如果王子被敌人俘虏，可能会造成灾难性的后果。尽管如此，威尔士亲王还是尽可能多地访问了西线的部队，并因此在1916年获得了军功十字勋章。

第一次世界大战后，他代表他的父亲在国内外到处访问。平易近人的个性和在大萧条时期访问失业者时所表现出的关心进一步推高了他的人气——在威尔士采矿社区，面对贫困和堕落，他曾经说了一句名言"必须做点什么"。

年轻的威尔士亲王对施加在自己身上的限制非常恼火，他不允许任何事情妨碍他对高尔夫球、网球、派对和跳舞的热爱。父母对他花花公子的形象感到担忧，并对他拒绝娶一个合适的妻子而感到不安。他与许多已婚妇女有过婚外情，1931年，他遇到了离过婚的美国女子沃利斯·辛普森夫人。英国政府对他们的关系感到担忧，这并非没有理

由，它最终改变了王室的历史进程。

到 1936 年 1 月 20 日乔治五世去世时，温莎王朝经历了 30 年的动荡，包括第一次世界大战、华尔街崩盘、大萧条和法西斯主义的兴起。但更多的动荡即将到来，这一次是在王室内部，爱德华八世继承了他父亲的王位。这是一位从未加冕的国王，他的统治只持续了 325 天。

现在和未来的四位君主：维多利亚女王、爱德华七世、乔治五世和爱德华八世。这张照片是在爱德华八世的受洗仪式上拍摄的。他的洗礼于 1894 年 7 月 16 日在里士满公园的白屋举行，这里是他父母的皇家住所，也是他一个月前出生的地方。

退位诏书

爱德华八世（1936 年在位）

1936 年 12 月 11 日晚上，英国广播公司的一个广播节目中断了。从温莎城堡传来了一个非常重要的广播——爱德华八世的退位演说。

许多人都没有意识到正在酝酿的宪法危机。但当爱德华八世在 1936 年 1 月 20 日登上王位时，他已经爱上沃利斯·辛普森，而当时辛普森已经与她的第一任丈夫离婚，并与第二任丈夫分居。爱德华八世想娶辛普森夫人，他最终在 1937 年娶了她，就在她第二次离婚后不久，但一个离过婚的女人当王后是万万不可接受的。爱德华必须在爱情和王位之间作出选择。1936 年 12 月 10 日，在温莎大公园的贝尔维蒂堡，爱德华八世在三个弟弟的见证下签署了《退位诏书》，他们是约克公爵阿尔伯特亲王（即将成为新君主）、格洛斯特公爵亨利王子和肯特公爵乔治王子。

第二天晚上，BBC 总裁约翰·里斯爵士介绍了"爱德华王子殿下"。然后，这位执政不到一年的国王开始讲话，语调简洁而有分寸："我终于能说几句自己的话了。我从来没有想过要隐瞒任何事情，但直到现在，宪法还不能允许我说话。几个小时前，我履行了作为国王和皇帝的最后职责，现在我的兄弟约克公爵继承了我的王位，我的第一句话必须宣布我对他的忠诚。我全心全意地这样做。"

他接着说："你们都知道迫使我放弃王位的原因。但我希望你们明白，在我下定决心的时候，我并没有忘记我作为威尔士亲王，以及最近作为国王，25 年来努力为之服务的国家和帝国。但你必须相信我，如果没有我爱的女人的帮助和支持，我无法承担起沉重的责任，履行我作为国王的职责。我想让你知道，这个决定是我做的，而且是我一个人做的。"

爱德华王子赞扬了他的弟弟——新任君主乔治六世，他形容乔治六世拥有"一种无与伦比的幸福，你们很多人都享受到了，但不是赐予我的——一个拥有妻儿的幸福家庭"，尽管后来的报道表明情况并非如此。他还是谈到了"在这段艰难的日子里"，他从母亲玛丽王后那里得到的安慰，并表明"王室的大臣们，尤其是首相鲍德温先生，一直都对我非常体贴"。

爱德华八世的广播持续了大约七分钟，最后他说："现在我们都有了一位

1936 年 12 月 10 日，爱德华八世在弟弟们的见证下，签署了《退位诏书》，国王放弃了王位，并同意他未来所有的孩子都将被排除在王室继承顺序之外。

THE INSTRUMENT OF ABDICATION SIGNED BY KING EDWARD VIII. AND WITNESSED BY HIS THREE BROTHERS, THE DUKES OF YORK, GLOUCESTER, AND KENT: A DOCUMENT UNIQUE IN BRITISH IMPERIAL HISTORY.

新国王。我衷心祝福他，以及你们，他的子民，幸福昌盛。愿上帝保佑你们。上帝保佑国王。"

爱德华随后来到欧洲大陆。1937 年 3 月，这位前国王被授予温莎公爵的头衔，他和辛普森夫人在法国结婚，辛普森夫人成为温莎公爵夫人。他们从此一起生活直到去世（爱德华于 1972 年去世，辛普森夫人于 1986 年去世）。这对夫妇一直没有孩子，他们死后被葬在温莎城堡家庭花园的弗罗格莫尔皇家墓地。

退位诏书　**185**

加冕纪念品

乔治六世（1936—1952年在位）

乔治六世的加冕典礼在1937年5月12日举行，这一天原本是他哥哥爱德华八世的加冕日。当时已经不需要爱德华八世的纪念品，全国各地的陶瓷厂又重新启动了他们的窑炉，开始制作马克杯、盘子、杯子和茶托，但也需要很多其他物品：纪念品、奖章和徽章、点心罐、茶巾和顶针。众所周知，查理二世的加冕礼是最先制作纪念品的王室活动，在随后的几个世纪里，批量生产的纪念品让公众也能负担得起了。

约克公爵阿尔伯特王子（伯蒂）是乔治五世的次子，比威尔士亲王小18个月，他从未想过自己会成为国王。伯蒂胆怯、焦虑，说话还结巴，直到后来才稍微得以控制。对他来说，公开演讲是一种折磨，但伯蒂又很勇敢，有强烈的责任感。1916年，作为一名年轻的海军军官，阿尔伯特王子参加了日德兰海战。1918年英国皇家空军成立后，他加入了英国皇家空军，成为第一位获得飞行员资格的王室成员。

1923年，他与伊丽莎白·鲍斯-莱昂结婚，两人育有两个女儿，伊丽莎白（1926年出生）和玛格丽特（1930年出生），家庭生活幸福美满。1936年的退位危机改变了他们所有人的生活。同年12月，约克公爵继承了哥哥的王位，即乔治六世。

乔治六世和伊丽莎白王后的加冕典礼在威斯敏斯特教堂举行，他们的女儿和国王的母亲——玛丽太后在皇家画廊观礼。在乔治六世的加冕礼上，出现了一件新的王位宝器——帝国王冠。它由加拉德有限公司（1843年被维多利亚女王任命为第一家官方皇冠珠宝商）制作，其设计基于1838年由朗德尔和布里奇（1804—1843年皇家金匠）为维多利亚女王制作的帝国王冠。王冠正面镶嵌着黑王子红宝石，宝石下方是库里南二号——从库里南钻石中切割出来的世界第二大钻石。王冠顶部是一个镶满钻石的十字，十字的中心镶嵌着圣爱德华蓝宝石。在圣爱德华王冠被放上圣坛后，帝国王冠一直被用于加冕仪式。这位新加冕的君主戴着轻便得多的帝国王冠缓步走出威斯敏斯特教堂。这一传统可以追溯到圣爱德华王冠被永久保存在威斯敏斯特教堂的时代，所以君主离开这座建筑时需要戴一顶不同的王冠。与其他王位宝器不同，帝国王冠不是加冕典礼专用的，在其他正式场合君

主也可以戴，包括一年一度的议会开幕式。

　　1937 年加冕礼这一天创造了媒体的历史：这是第一次通过广播向公众播放的加冕典礼，由英国广播公司（BBC）负责转播。典礼前几个月才刚刚推出的 BBC 电视服务拍摄了加冕典礼整个过程，并传送到少数拥有电视机的家庭，这是 BBC 首次在室外进行电视转播。尽管威斯敏斯特教堂不允许摄像机进入，但仪式被拍摄下来，并在帝国各地的电影院以剪辑过的新闻短片的形式放映。

1937 年，庆祝乔治六世和伊丽莎白王后加冕的纪念马克杯有很多流传了下来。这一件由斯塔福德郡的纽霍尔陶器公司制作，上面有君主的座右铭"Dieu et mon droit"，意思是"上帝和我的权利"，还有嘉德勋章的座右铭"Honi soit qui mal y pense"，意思是"心怀邪念者当蒙羞"。

加冕纪念品　**187**

国民卫队的国王勋章

乔治六世（1936—1952年在位）

1939年6月，乔治六世成为第一位访问美国的在位英国君主，当时欧洲正处于战争的边缘。乔治国王和伊丽莎白王后是应富兰克林·罗斯福总统的邀请而进行访问的，罗斯福总统希望进一步促进两国之间的密切关系。

第二次世界大战（欧洲战场，编者注）于1939年9月1日爆发。那天晚上，乔治六世通过广播发表演说。广播和电影的发展意味着君主制将在这场战争中发挥鼓舞士气的重要作用。乔治六世在1938年没做圣诞广播，1939年勉强同意做了一次，在致辞末尾，他引用了米妮·路易斯·哈斯金斯的诗《新年之门》中的一段话，引起了面临战争而惶惑不安的国民的共鸣——

我对站在新年门前的人说："请给我一盏灯，让我可以安全地踏入未知的世界。"

他回答说："走进黑暗吧，把你们的手交给神。那比光更亮，比已知的道路更安全。"

于是我走了出去，找到了上帝的手，欣然走进了黑夜。他指引我走向群山，在孤独的东方迎来黎明。

从一开始，乔治六世就以极大的毅力承担起了王位的重担——这是他既没有预料也不想要的。在第二次世界大战期间，整个英国都面临考验，坚强的他受到了国民的爱戴。国王和王后都成为反抗的象征，他们坚持留守伦敦，视察被轰炸的城镇。1940年，白金汉宫在德军的一次突袭中被击中，伊丽莎白王后说："我很高兴我们被轰炸了。这让我觉得自己可以直面伦敦东区"。到战争结束时，这座宫殿已经被轰炸九次。

1940年10月，就连年轻的伊丽莎白公主和玛格丽特公主也向英联邦各地的儿童发表了广播讲话，重点关注那些从家中撤离的儿童。

正如其父母在第一次世界大战期间所做的那样，乔治六世不断地慰问海外的军队：1939年访问法国；1943年访问北非；1944年6月，在诺曼底登陆十天后访问诺曼底海滩；同年晚些时候，访问意大利和低地国家（荷兰、比利时和卢森堡，编者注）。

his life if need be.

George R.I.

HOME GUARD

  1940年，国王设立了乔治十字勋章和乔治勋章，奖励后方人民的英勇行为。1945年5月欧洲战争结束时，英国政府将国防勋章授予一些非作战军人和战勤人员，如国民卫队。勋章正面用铜镍合金铸造，描绘了国王的侧面，四周刻有"乔治六世国王、大不列颠及北爱尔兰及其领土和属地国王、英联邦元首、国教捍卫者和印度皇帝"字样。勋章背面描绘了一顶王冠挂在橡树树苗上，一边是雄狮，另一边是母狮，下方

这枚国防勋章连同附带的祝词被颁发给一名国民卫队成员，每张卡片上都写着收信人的名字，并有国王的签名。上面写着："在我们的国家处于危难之际，（姓名）慷慨地奉献了自己的时间和精力，随时准备用武力保卫国家，如有需要，甚至愿意献出自己的生命。"

是波浪花纹，花纹下写着"国防勋章"，两侧标明日期"1939"和"1945"。奖牌缎带的颜色具有象征意义：两侧是绿色，中间是红色，代表敌人对绿色土地的攻击，而黑色条纹代表停电。

国民卫队的国王勋章

宫廷阳台上的传统

乔治六世（1936—1952年在位）

温斯顿·丘吉尔两次担任保守党首相，分别是1940年5月至1945年7月，1951年10月至1955年4月。在第二次世界大战期间，他向世人证明自己是一位鼓舞人心的领袖，并将乔治六世视为一个值得信赖的盟友。

1945年9月2日，第二次世界大战终于结束，美国总统哈里·杜鲁门已宣布日本投降，并在所谓的"对日胜利日"（VJ Day）签署了正式文件。而欧洲的战争结束得更早。1945年5月8日被宣布是欧洲胜利日（VE Day），当天，全英国的人都走上街头庆祝。乔治六世、王后、公主们与温斯顿·丘吉尔一起站在白金汉宫的阳台上向欢呼的人群致意。那天，王室成员在阳台上出现了八次。半个世纪后，在纪念欧洲胜利日50周年的庆典上，伊丽莎白二世、王太后和玛格丽特公主再次一起站在阳台上观看二战飞机的飞行表演。

在重要的日子里，王室成员会在白金汉宫的阳台上向公众致意，这一习俗始于1851年。当时，维多利亚女王为了伦敦世界博览会的开幕式登上了白金汉宫的阳台。据说，在1858年，维多利亚女王又发起了一项王室婚礼传统：在她的女儿维多利亚公主嫁给普鲁士的弗雷德里克·威廉的那天，女王鼓励全家人走到阳台上，向下面兴奋的人群致意。"婚礼之吻"的习俗是近代才出现的，始于1981年查尔斯王子和他的新娘戴安娜·斯宾塞夫人。他们的儿子威廉王子和新娘凯瑟琳·米德尔顿在2011年的婚礼上献上了两个吻。

其他著名的阳台时刻发生在加冕典礼和周年庆典期间，最常见的是一年一度的皇家阅兵式——君主的官方生日游行，王室成员聚集在白金汉宫的阳台上一起观看皇家空军的飞行表演。"列队阅兵式"起源于战场，在战场上，鲜艳的军营旗帜成为士兵的集结点。战斗开始前，士兵们会列队行进，以确保他们在与部队分离时能立刻认出自己军营的旗帜。

第一次皇家阅兵式是在17世纪查理二世统治时期举行的。由于乔治二世的生日是在11月（太冷了，不适合举行庆祝游行），1748年，他决定将自己的生日庆典与那年夏天的皇家阅兵式结合起来。当他的儿子乔治三世于1760年即位时，皇家阅兵式成了一年一度的活动。爱德华七世的生日也在11月，在20世纪初他在位期间，官方生日庆典在春末夏初举行成了惯例。爱德华七世的孙子乔治六世将庆典定为6月的第二个星期四，而乔治六世的女儿伊丽莎白二世延续了这一传统，直到1959年将庆典日期改到第二个星期六。

1950年，乔治六世最后一次参加阅兵礼。国王的健康状况一直不佳，第二年他病得太重，无法出席，伊丽莎白公主第一次代表国王接受了敬礼。同年，乔治六世被诊断出患有肺癌。1952年2月6日，他在桑德林汉姆宫于睡梦中去世。

1945年5月8日胜利日，英国首相温斯顿·丘吉尔与乔治六世、伊丽莎白王后、伊丽莎白公主和玛格丽特公主一起站在白金汉宫的阳台上。

王室出生公告

伊丽莎白二世（1952—2022年在位）

乔治六世在有生之年看到自己的长女伊丽莎白公主于1947年嫁给了菲利普·蒙巴顿中尉，以及他们的头两个孩子的诞生，即1948年出生的查尔斯王子和1950年出生的安妮公主。

伊丽莎白·亚历山德拉·玛丽公主于1926年4月21日凌晨出生。约克公爵和公爵夫人的第一个孩子在伦敦布鲁顿街17号出生，这是孩子的外祖父母斯特拉斯莫尔伯爵和伯爵夫人的家。报纸报道了这一喜讯，兴奋的民众聚集在梅菲尔区的房子外面，希望能一睹婴儿的真容。作为王位的第三顺位继承人，没有人料到她有一天会成为伊丽莎白二世女王。

现在，王室成员出生的书面公告通常会张贴在白金汉宫外向公众告知。有时，装裱好的文件被贴在宫殿的栏杆上。最近，公告被放置在宫殿大门内的一个华丽的镀金画架上。该公告将持续24小时左右。但在王室成员出生的消息公开之前，按照礼仪规定，君主是第一个得知消息的人。

王室直系成员诞生前总会引起全国上下乃至国际上的兴奋与猜测。如果孩子是在医院出生，祝福者和媒体会聚集在医院外，热切地期待着，随后，民众会涌到白金汉宫外观看公告。这一传统一直延续到21世纪，尽管现在王室成员的出生也会通过社交媒体宣布。

王室第一次以这种方式使用社交媒体是在2013年7月，当时剑桥公爵和公爵夫人的第一个孩子——王位继承人乔治王子出生。和他的父亲威廉王子一样，乔治王子出生在伦敦帕丁顿圣玛丽医院的林都私人院区，他的弟弟路易斯王子和妹妹夏洛特公主也出生在那里。1982年，威廉王子的母亲戴安娜王妃打破历史传统，选择在医院生下王位继承人。两年后，威尔士亲王和王妃的次子哈里王子也在圣玛丽医院出生。

威廉王子和乔治王子——英国王室第二和第三顺位继承人均在医院出生，查尔斯王子是最后一个在家中出生的王位继承人。1948年11月14日的手写出生公告上写道："爱丁堡公爵夫人伊丽莎白公主于今天晚上9时14分平安产下一名王子。公主殿下和她的儿子状态良好。"直到几周后，在他的受洗仪式上，这个即将成为国王的男孩的名字才被公之于众：查尔斯·菲利普·亚

瑟·乔治。查尔斯王子的继承人名字没过多久便众人皆知：威廉·亚瑟·菲利普·路易斯出生一周后，白金汉宫就公布了他的名字。2013年7月24日，威廉王子在他的第一个孩子出生后两天宣布了名字：乔治·亚历山大·路易斯。

查尔斯王子出生在白金汉宫的布尔室，该室被改造成产房，他是第一个在没有高级政府官员在场的情况下分娩的王室婴儿。1894年，维多利亚女王

1948年11月，人们聚集在白金汉宫的栏杆前观看查尔斯王子的出生公告。

要求王室降生必须有政府官员在场，该官员应担任内政大臣。因此，1926年伊丽莎白公主出生时，英国内政大臣威廉·约翰逊·希克斯爵士（1924—1929年在任）一直在场，但22年后伊丽莎白的第一个孩子出生时，这一规定被废除。

王室出生公告

加冕礼服

伊丽莎白二世（1952—2022年在位）

伊丽莎白公主于1926年出生时，没有人会想到有一天她能成为女王。她的大伯是王位继承人，大家都认为他会结婚生子。然而，当她的大伯爱德华八世退位后，十岁的伊丽莎白成为推定继承人。

1937年，伊丽莎白公主参加了她父母的加冕典礼。十年后，她嫁给了一位年轻英俊的海军军官：前希腊和丹麦王子菲利普，在他们结婚前被封为爱丁堡公爵。伊丽莎白选择诺曼·哈特内尔为她设计婚纱，这位设计师自1940年以来一直是伊丽莎白王后（伊丽莎白二世的母亲）的裁缝，几年后，他还有幸设计了女王的加冕礼服。

1952年2月6日，伊丽莎白公主和她的丈夫在肯尼亚开始英联邦之旅时，传来了她父亲乔治六世去世的噩耗，她成为女王。她的加冕日期定于1953年6月2日。

新女王对自己的加冕礼服已有确定的想法。它既要高贵，又要庄重，她不希望自己的形象太夸张。女王和哈特内尔讨论了几种款式设计，最终确定了一款设计，即在白色缎面背景上绣上英国和英联邦的花卉标志。

这些标志包括：英格兰的都铎玫瑰，用淡粉色的丝绸绣制，上面点缀着珍珠、金银条和玫瑰钻石；威尔士的韭菜，用白色的丝绸绣制，嫩绿色的叶子配以钻石；苏格兰的蓟花，用淡紫色的丝绸和紫水晶制作而成；爱尔兰的三叶草，用柔软的绿色丝绸、银线、金银条和钻石制成。此外，还有加拿大的枫叶、澳大利亚的金合欢、新西兰的蕨类植物、南非的蛋白石、印度和锡兰的荷花，以及巴基斯坦的三个象征：小麦、棉花和黄麻。

礼服的主要面料，选自肯特郡利灵顿城堡的一个丝绸农场生产的白色缎子。六名绣工在极度保密的情况下进行了礼服的制作。这件衣服本身是由三个女裁缝缝制的。要让珠裙按设计的预想垂下有一定的难度，但这个问题通过采用奶油塔夫绸做衬底、三层马鬃再加固的方法得以解决。这个解决方案也给裙子带来了稳定性，将珠宝的重量分散在它的钟形上，使它穿起来很轻。

诺曼·哈特内尔在加冕典礼前三天将礼服送到白金汉宫。女王的反应可以用一个词来概括"绚丽夺目"。女王不知道的是，设计师在礼服的左侧添加了一个象征好运的秘密标志：四片叶子的三叶草（四片叶子的三叶草又称幸运

草，其花语是幸福，译者注），女王陛下的手会在一整天中拂过这个标志。

伊丽莎白二世的加冕典礼首次在电视上直播，这是英国历史上的一个重大事件。

但这并不是女王唯一一次穿着加冕礼服，她还在新西兰、澳大利亚和锡兰（均是1954年）以及加拿大（1957年）的议会开幕式上穿过它。

2016年，为庆祝伊丽莎白二世90岁寿辰，在白金汉宫举办的"时尚统治：女王衣橱90年风华"展览上展出了伊丽莎白二世的加冕礼服。温莎城堡和荷里路德宫也举办了类似的展览，这三个地点都展示了女王穿过的不同服装。

TUE
Last Collection Time
Monday to Friday
4.30pm
Saturday
11.00am
ROYAL
MAIL

王室密码

伊丽莎白二世（1952—2022年在位）

王室密码是英国的一个标志性符号，作为一种身份识别手段，可以追溯至都铎时代。它结合了君主名字的首字母和头衔，这些字母要么单独存在，要么交织在一起，就像字母组合一样，通常与圣爱德华王冠的造型一起呈现。

在亨利八世统治时期，字母"R"被添加到君主的首字母中。这个识别标志是"Rex"或"Regina"的缩写，在拉丁语中是"国王"和"王后"的意思。在大英帝国时期，当维多利亚女王于1877年成为印度女皇时，字母"I"被放在"R"之后——"I"是"Imperato"或"Imperatrix"的缩写，在拉丁语中是"皇帝"或"皇后"的意思。

王室密码并非女王的专属，其他王室成员也拥有自己的密码。它们由伦敦纹章学院设计，该学院是英格兰、威尔士、北爱尔兰和英联邦大部分地区的官方纹章机构；在苏格兰，相应的监管机构是爱丁堡的里昂勋爵法院。然而，密码并不局限于王室成员：在18世纪，乡绅们开始流行使用这种符号作为个人身份识别的一种手段——例如出现在信笺上。

如今，王室密码最常出现的地方是遍布英格兰的数千个红色邮筒上。要想知道每个邮筒的年龄是很容易的事情，因为当新的君主登基时，旧的邮筒不会被替换。然而在苏格兰，情况则不相同：自1953年以来，君主姓名的首字母缩写和圣爱德华王冠就没有出现在大多数邮筒上，取而代之的是苏格兰王冠。

王室密码还出现在其他许多地方和物品上，比如英联邦的政府大楼、国家文件、邮票、一些英国和英联邦的奖章以及以君主名义发出的请柬。1953年伊丽莎白二世加冕前的第一步准备工作是制作她的密码，以便绣在王室成员的制服上。

伊丽莎白二世每天使用的各种物品都带有她的密码：例如，她早餐托盘上的餐巾上绣着EIIR（伊丽莎白二世女王的英文和拉丁文首字母的组合，译者注），甚至黄油上也印有这个密码。据说女王陛下曾经说过，她第一次真正意识到自己已经成为女王，是在那天早间时刻，当她看到温莎皇家奶牛场送来的印着EIIR的奶瓶的那一瞬间。

在英格兰各地的城市、镇子和村庄，标志性的红色邮筒上都印有伊丽莎白二世的王室密码。

濯足节救济金

伊丽莎白二世（1952—2022年在位）

"我赐给你们一条新命令，乃是叫你们彼此相爱。我怎样爱你们，你们也要怎样相爱。"（约翰福音13：34）

耶稣在最后的晚餐上为他的门徒洗脚后说了这些话。每年英国国教会都要在耶稣受难日前一天，也就是星期四，举行名为"皇家濯足节"的礼拜仪式，纪念他的谦逊行为。"我赐给你们一条新命令"这句话翻译自拉丁语"Mandatum novum do vobi"，而"maundy"（濯足节）这个词是从"mandatum"衍生出来的。

在皇家濯足节上，君主赠送硬币作为礼物。受赠人是老年人（因对教会和社区的贡献而被选中），分发的礼物数量由君主的年龄决定，这是600多年前亨利四世开创的传统。

然而，君主在这种仪式中扮演的角色甚至出现得更早。在中世纪早期，国王为穷人洗脚，效仿耶稣的谦卑行为，并为他们提供食物和衣服。随着时间的推移，衣物变成了金钱，洗脚仪式也停止了。但如今，一些参加濯足节的官员在长袍上裹上一条亚麻毛巾，以示对这一习俗的象征性认可。

从1699年起，君主通常不参加仪式，由王室代表代替他们。然而，在1931年参加完皇家濯足节仪式后，维多利亚女王的孙女之一、在任君主乔治五世的表妹玛丽·路易丝公主建议国王陛下在第二年分发礼物。他这样做了，他的继任者爱德华八世在短暂的在位期间延续了这一传统；下一任君主乔治六世亦是如此，但他并不总是亲自参加这一仪式。他的女儿伊丽莎白二世一直强调基督教信仰对她的重要性，在她漫长的统治期间几乎参加了所有的年度仪式。自1970年以来，女王从未缺席过任何一场仪式。但2022年，查尔斯王子代表女王出席了当年的仪式。

在皇家濯足节仪式上使用的镀金银盘可以追溯至17世纪——通常保存在伦敦塔的珠宝馆内，盛放濯足节的供品。每个受赠人都会得到两个简单的小钱包：一个红色的钱包，里面装着两枚普通的硬币，代表过去几个世纪里赠送的食物和衣服；还有一个白色的钱包，里面装着纯银的濯足节硬币，这些硬币仍然保留着17世纪发行的样式，硬币总额与现任君主的年龄相同。濯足节硬币有1便士、2便士、3便士和4便士的面额。与

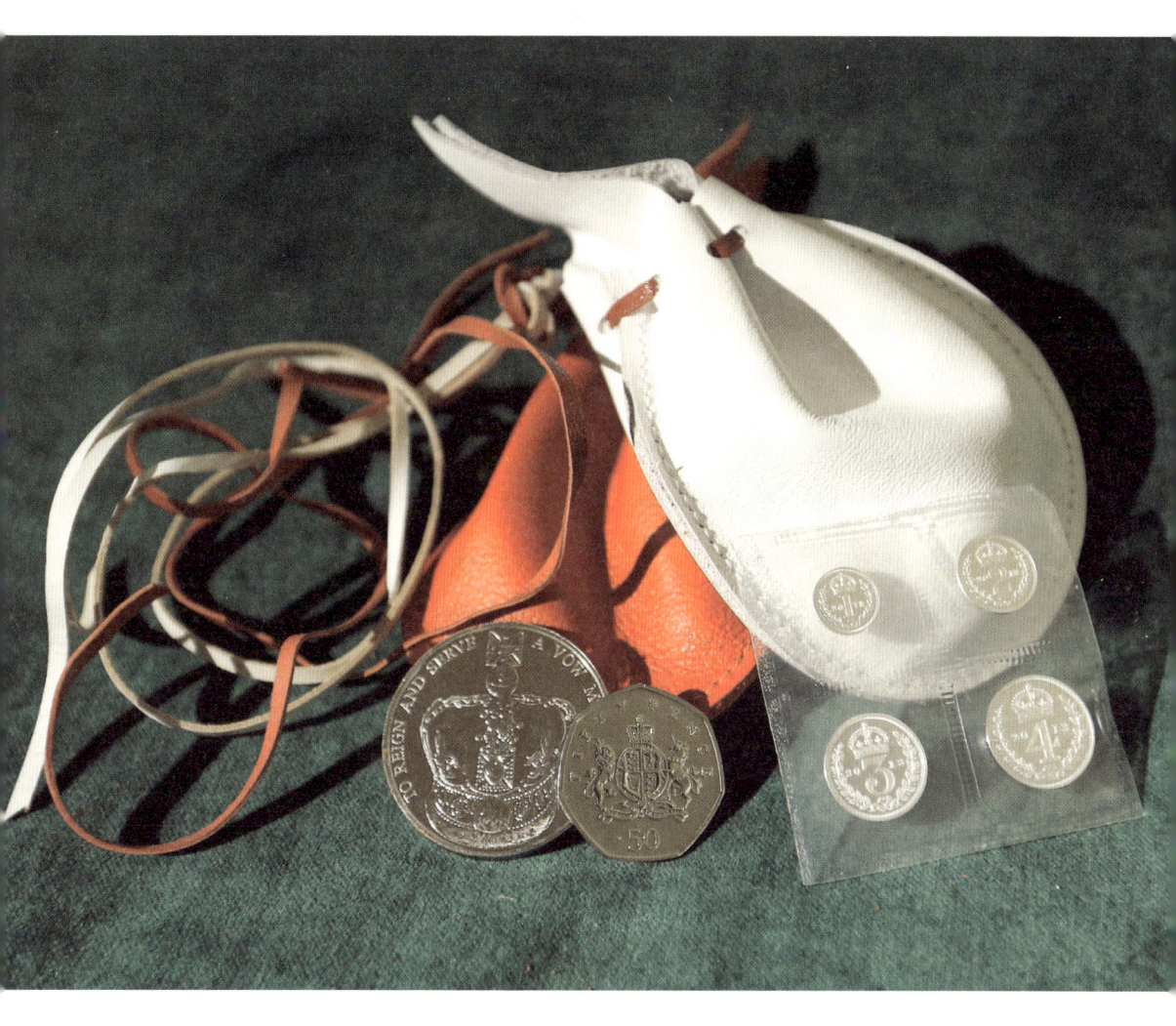

流通中的普通硬币不同，濯足节硬币上印有女王年轻时的肖像，就像她首次成为君主时出现在硬币上一样。

　　几个世纪以来，皇家濯足节仪式都在伦敦的教堂举行，最常见的是威斯敏斯特教堂，但1957年伊丽莎白二世打破传统，在赫特福德郡的圣奥尔本斯

濯足节钱包与现行硬币以及濯足节钱币一起分发。

修道院举行。从那时起，虽然仪式仍不时地在威斯敏斯特教堂举行，但英国其他许多大教堂和修道院也会举办王室活动。

濯足节救济金

1972年，伊丽莎白二世在巴尔莫勒尔的办公桌前工作，手边是红色递送箱。

红色递送箱

伊丽莎白二世（1952—2022年在位）

被称为红色递送箱的"公文包"装有政府文件，由君主和国会议员使用，已成为英国政府的标志性物件之一。

几十年来，红色的皇家箱子一直由伦敦的两家老牌公司制作：一家是巴罗赫·伯恩和盖尔公司，另一家是威克沃公司。防弹箱的设计一个多世纪以来一直保持不变，每个箱子重2~3千克。它们由松木制成，外面包裹着红色皮革，上面用金色压印着君主的皇家密码。箱子里有一层由铅和黑缎组成的衬里——据说使用铅是为了在被捕的情况下，如果箱子被扔到海里就会沉没。与传统的公文包不同，它的提手和铰链在同一侧；当箱子被打开时，锁面对着拥有钥匙并有权查看箱子里面东西的人。

虽然其他政府递送箱也可能是黑色、蓝色或绿色的，但那些交给君主的总是红色的。关于为什么选择这种颜色有两种说法。一种说法是，阿尔伯特亲王偏爱红色，因为红色是萨克森-科堡-哥达家族纹章上的主要颜色，而红色箱子的到来向他的妻子维多利亚女王表明箱子里东西的高度重要性。一种更富有想象力的说法可以追溯至伊丽莎白一世统治时期，人们认为递送箱的使用就是从此开始的。弗朗西斯·斯罗克莫顿爵士（伊丽莎白一世的大使尼古拉斯·斯罗克莫顿的侄子）是天主教事业的支持者，他想推翻伊丽莎白一世，支持她的表妹苏格兰女王玛丽。弗朗西斯爵士是玛丽在英格兰和欧洲大陆支持者之间的中间人，据说他还送给西班牙大使贝纳迪诺·德·门多萨一个装满黑布丁的红色公文包。黑布丁的相关内容已经消失在时间的迷雾中，但是，有关弗朗西斯爵士最出名的斯罗克莫顿阴谋，导致他在1584年因叛国罪被处决。

不管箱子颜色的历史如何，自从伊丽莎白二世1952年登基以来，无论身在何处，她每天都会收到红色的递送箱，只有两个日子例外——复活节和圣诞节。作为国家元首，女王陛下必须时刻关注议会和其他英联邦国家政府的动态，因此，必须重视箱子里的文件。有些文件可能需要女王立即审阅，有些则需要她的签名，还有些可能只是提供有关政府程序的信息或会议前的简报。对于戴着王冠的首脑来说，对这个角色的要求是不能松懈的。

英联邦邮票

伊丽莎白二世（1952—2022年在位）

许多英联邦国家的邮票上都有伊丽莎白二世在庆祝活动中的形象，比如生日和周年纪念日。

英联邦起源于英国的前身。早在1884年，英国政治家罗斯贝里勋爵（曾于1894—1895年担任英国首相）在访问澳大利亚时就将大英帝国描述为"一个国家的联邦"。现代英联邦成立于1949年，当时澳大利亚、加拿大、印度、新西兰、巴基斯坦、南非、斯里兰卡和英国的领导人发表了《伦敦宣言》，将英联邦定义为"自由平等的英联邦成员，为追求和平、自由和进步而自由合作"。该宣言还承认乔治六世为英联邦元首；虽然这不是一个世袭的职位，但在他去世后，伊丽莎白二世接替了他的职位。长期以来，她一直致力于她所说的"她深爱的英联邦"：1947年，在她21岁生日那天，伊丽莎白公主与父母和妹妹一起在南非旅行，她在广播中向国际集团宣布"我的一生，无论长短，都将致力于为你们服务，为我们所属的伟大皇室服务"。

多年前，伊丽莎白二世女王无法预测她的统治会持续多久，然而她是继她的曾曾祖母维多利亚女王（在位63年）之后在位时间最久的英国君主。2022年，伊丽莎白二世庆祝了她的白金禧年，这是她作为君主的非凡的70年，在这段时间里，她见证了英国在世界的地位随着政治转变、文化变革和技术进步而改变。1953年，也就是女王加冕那年，她宣布"英联邦理想"是"一个全新的概念，建立在人类精神的最高品质：友谊、忠诚以及对自由与和平的渴望之上"。

截至2022年6月，有54个国家属于英联邦，它拥有约24亿人口；横跨世界上每一个地理区域，它促进了国际合作和贸易联系。1959年，应女王的要求，位于伦敦的马尔伯勒府邸（最初是马尔伯勒公爵的住所，直到1817年才成为皇家住所）成为英联邦基金会的国际总部。自1977年以来，各成员国在每年3月的第二个星期一同时庆祝英联邦日。

虽然女王最后几年减少了她的公共职责，但王室活动一如既往地进行着，王室其他高级成员经常代表女王出席。截至2018年，除了两次英联邦政府首脑会议（每两年举行一次）外，她出席了所有会议；2022年，威尔士亲王和

澳大利亚于 1931 年加入英联邦，这枚印有伊丽莎白二世肖像的澳大利亚邮票于 2003 年发行，以纪念女王加冕 50 周年。

他的妻子康沃尔公爵夫人代表他的母亲一同参加当年的会议。

  伊丽莎白二世访问了除喀麦隆和卢旺达以外的所有英联邦国家，这两个国家分别于 1995 年和 2009 年成为英联邦成员。1954 年，她成为第一位访问澳大利亚的在位君主；她和菲利普亲王在 58 天内游览了 57 个城镇。她们后来又多次访问了该国，最后一次是在 2011 年。菲利普亲王，在他们共同生活的岁月里给予女王重要的支持（女王形容他为"她的磐石"），他于 2017 年退休，2021 年去世。2022 年 9 月 8 日，年迈的伊丽莎白二世也去世了。

英联邦邮票 **203**

皇家旗帜

伊丽莎白二世（1952—2022年在位）

皇家旗帜是旗子，或者更确切地说是军旗，代表着君主和联合王国。伊丽莎白二世有两种常用的皇家旗帜：一种只在苏格兰使用；另一种是在苏格兰以外的联合王国其他国家、皇家属地和英国海外领土使用。

1603年，英格兰和苏格兰首次由同一位君主统治——英格兰的詹姆斯一世/苏格兰的詹姆斯六世。自那以后，皇家旗帜就以各种不同的形式出现。今天的皇家旗帜可以追溯到维多利亚女王统治时期，其特征与皇家盾形纹章相同（见第55页）：在左上和右下部分是三只狮子，代表英格兰；右上部分是一只凶猛的狮子，代表苏格兰；左下部分是竖琴，代表爱尔兰。苏格兰版的皇家旗帜在左上和右下部分有苏格兰纹章，其他部分分别代表英格兰和爱尔兰。

威尔士没有出现在君主的皇家旗帜上，因为在旗帜设计之初，它已经作为公国与英格兰联合起来了。然而，查尔斯王子在英国的不同地区有自己的各种旗帜，包括在他父亲菲利普亲王的建议下创建的威尔士版本的皇家旗帜，在查尔斯于1969年被授予威尔士亲王称号后仅在威尔士使用。它的设计特色是包含卢埃林·阿普·格鲁菲德（13世纪爱德华一世征服公国之前的末代王子）的纹章，纹章上有四只狮子（金底红狮或红底金狮交替），中间覆盖着一个绿色的盾牌，盾牌上是威尔士亲王的王冠。其他王室高级成员也有自己的旗帜，这些旗帜都是基于君主的皇家旗帜设计的，但有自己独特的变化。

当国王住在白金汉宫、温莎城堡和桑德林汉姆宫时，皇家旗帜会在王室住所飘扬。王室住所升起英国国旗（见第128页），是君主移驾别处的信号。然而也有例外，即便国王不在苏格兰，苏格兰王室住所也会升起苏格兰皇家旗帜。

除教堂之外，国王访问其他建筑时，这些建筑也可以悬挂皇家旗帜，例如，当国王在议会时，维多利亚塔会升起皇家旗帜。当国王以官方身份旅行时，国王的汽车上也会悬挂这面旗帜，飞机（但只有在地面上停靠时）上也会悬挂这面旗帜，1997年前，这面旗帜还会悬挂在皇家游艇"不列颠尼亚"号上。

君主制是持续的，因此，即使君主去世，皇家旗帜也不会降半旗。英国国旗在白金汉宫降半旗的做法是在威尔士王妃戴安娜去世后才开始的，当时公

联合王国的皇家旗帜。

众担心英国国旗没有降半旗向她表示敬意。事实上，当时伊丽莎白二世正在巴尔莫勒尔度假，根本就没升国旗。最后双方达成了妥协，1997年9月6日，在戴安娜的葬礼当天，英国国旗降半旗。自那以后，降半旗的情况只有很少见的几次，包括2002年女王母亲的葬礼、2021年菲利普亲王的葬礼，以及2022年伊丽莎白二世的葬礼。

皇家旗帜

在伦敦邦德街的宾利和斯金纳皇家委任状上显示的威尔士亲王的纹章，珠宝商和银匠是查尔斯王子和伊丽莎白二世的"皇室指定"。

皇家授权：威尔士亲王的徽章

查尔斯三世（或查理三世，2022年— ）

皇家委任状是由1840年成立的皇家委任状持有人协会颁发的。它是对那些为王室提供商品或服务的个人或公司的认可标志；他们可以在担任该职务至少五年后申请该荣誉，而且该委任状每五年可更新一次。任何时候都有大约800份的皇家委任状，被委任方包括珠宝商和服装商、汽车制造商和杂货供应商、图书装订商和香水商、女帽制造商和电子供应商、室内装潢师、裁缝和药物供应商，甚至扫帚和雨伞制造商……以及介于两者之间的所有行业。

由君主决定谁可以授予皇家授权书：目前的授予者是国王和威尔士亲王。爱丁堡公爵也是授予者，直到他在2021年去世，按照传统，这也结束了与之有关的皇家委任状的效力。

国王授予的皇家委任状上带有其纹章。威尔士亲王颁发的皇家委任状也展示了他的纹章，包括威尔士亲王的羽毛——由三根鸵鸟羽毛组成的羽翼，周围环绕着一个镶嵌着十字和鸢尾花的珠宝金冠，下面是"Ich dien"（德语，意思是"我服务"）的座右铭。这句座右铭首次出现在黑王子爱德华的臂章上，他于1343年被封为威尔士亲王。传说"黑王子"在1346年克雷西战役中与他的父亲爱德华三世并肩作战时，从波希米亚国王约翰那里拿走了这句座右铭和鸵鸟羽毛，后者在冲突中丧生。

委任状持有者根据情况展示国王的纹章或威尔士亲王的徽章；每张委任状都有一份引文，说明与之相关联的皇室成员。有些公司同时是两个皇室成员授予的委任状持有者，例如，皮卡迪利大街上的福南梅森公司是女王陛下指定的"杂货商和食品商"，以及威尔士亲王殿下指定的"茶叶商和杂货商"。

位于伦敦伯灵顿花园的埃德和拉文斯克罗夫特公司是为数不多的同时拥有三个皇家委任状的企业之一：伊丽莎白二世、爱丁堡公爵和威尔士亲王的委任状。埃德和拉文斯克罗夫特被公认为世界上最古老的裁缝店，由舒达尔家族于1689年创立，他们的精湛工艺在威廉三世和玛丽二世加冕典礼的长袍中得以体现。迄今为止，他们已经为12次加冕典礼制作了长袍，1969年在卡纳冯城堡举行的威尔士亲王授勋仪式上，查尔斯王子身穿的长袍也是由他们制作的。

北爱尔兰城堡的国王画像

查尔斯三世（或查理三世，2022 年—   ）

在北爱尔兰唐郡希尔斯堡城堡的国客厅里，悬挂着一幅由当地艺术家加雷斯·里德创作的伊丽莎白二世的继承人威尔士亲王查尔斯的画像。这幅画于 2019 年 4 月 9 日由查尔斯王子（2022 年 9 月继位，成为查尔斯三世，编者注）揭幕，当天他和妻子康沃尔公爵夫人特地来希尔斯堡城堡参观，因为在该月晚些时候它将重新对外开放。

英国历史皇宫管理局还管理着伦敦塔、宴会厅、肯辛顿宫、邱园和汉普顿宫，它在 2014 年接管了希尔斯堡城堡及其花园的管理；然后开始了为期五年的对北爱尔兰君主官邸的翻新工作，王室成员在访问该地区时将它作为住所。参观这座房子可以了解它的政治和皇室历史；除了威尔士亲王的肖像外，展出的还有许多其他艺术品，其中包括查尔斯王子画的风景画，他可以称得上是才华横溢的水彩大师。

希尔斯堡城堡更准确地说是爱尔兰的"大房子"，但当它建于 18 世纪末时，上层阶级通常把这种房产称为城堡。在这种情况下，这个名字是指房子所取代的堡垒，它成为希尔家族的第一个家，希尔家族用他们的名字给希尔斯堡村命名，在 2021 年更名为皇家希尔斯堡。威尔斯·希尔是首任唐郡侯爵，并在 1768—1772 年担任过殖民地事务大臣。希尔家族世世代代都住在希尔斯堡城堡，直到 1925 年它被卖给英国政府，成为政府大楼和北爱尔兰总督的官邸。

皇家与希尔斯堡的第一次关联是在 1933 年，当时维多利亚女王的一个孙女——阿斯隆伯爵夫人爱丽丝公主到访。1946 年，伊丽莎白公主第一次单独访问北爱尔兰，参加了哈兰德-沃尔夫公司的新船"鹰"号的下水仪式，并和她的姑姑罗斯·鲍斯-里昂夫人一起住在希尔斯堡城堡。罗斯·鲍斯-里昂夫人是第四代格兰维尔伯爵威廉·莱韦森-高尔之妻，他于 1945—1952 年任北爱尔兰总督。1972 年，北爱尔兰总督和首相的角色被废除，希尔斯堡成为北爱尔兰国务大臣的官邸，并一直保留至今。

几十年来，希尔斯堡城堡一直是英-爱和平建设的中心。1985 年，英国首相撒切尔夫人和爱尔兰总理（政府首脑）加勒特·菲茨杰拉德在这里签署了《希尔斯堡协定》。2005 年，伊丽莎白二世在希尔斯堡与爱尔兰总统玛

丽·麦卡利斯进行了历史性的会晤：这是英国在位君主首次在爱尔兰会见独立的爱尔兰领导人。

除了希尔斯堡城堡里的巨大的国事厅（包括举行授职仪式和皇家招待会的王座厅）之外，还有约40公顷的土地供游客探索。在众多令人愉悦的景点中，有18世纪的围墙花园（其中一个亭子是由查尔斯三世创立的慈善机构王子基金会的学生建造的）、景观水道，以及紫杉树步道、酸橙树步道和苔藓步道。

2019年4月，威尔士亲王在康沃尔公爵夫人的陪同下参观希尔斯堡城堡和花园，并为当地艺术家加雷斯·里德（最右）创作的画像揭幕。

北爱尔兰城堡的国王画像

来自未来国王的订婚戒指

威廉王子

威廉王子求婚时，他和凯瑟琳·米德尔顿正在肯尼亚度假。凯瑟琳不知道威廉的背包里藏着他已故母亲的蓝宝石和钻石订婚戒指。2010年11月16日，克拉伦斯宫宣布了这一传闻已久的订婚消息。在照片发布会上，这对夫妇展示了订婚戒指：一枚12克拉的椭圆形锡兰蓝宝石，四周环绕着14颗明亮式切割钻石，镶嵌在18克拉的白金戒指上。自2011年4月29日结婚以来，剑桥公爵夫人凯瑟琳就一直把它和威尔士金结婚戒指一起戴着。这对夫妇现在有三个孩子，其中最大的孩子乔治王子于2013年出生，他是继威廉王子——他父亲之后的第二顺位继承人。

这枚送给凯瑟琳的订婚戒指最初是1981年2月查尔斯王子与戴安娜·斯宾塞王妃订婚时送给她的。这枚戒指是戴安娜从当时的王室珠宝商杰拉德提供给查尔斯王子的戒指中挑选出来的。同年7月，戴安娜大婚，成为威尔士王妃，1996年她和威尔士亲王离婚时仍旧保留着这个头衔。1997年，戴安娜死于车祸，震惊了全世界。查尔斯和戴安娜的儿子威廉（1982年出生）和哈里（1984年出生）一直对母亲铭记于心。威廉为他的未婚妻选择这枚订婚戒指，是为了让戴安娜以这种方式参与他生命中的重要里程碑；2017年，哈里送给他未来的新娘梅根·马克尔的订婚戒指，中间有一颗来自博茨瓦纳的大钻石，两边选自戴安娜珠宝收藏的小钻石。

按照今天的标准来看，维多利亚女王的订婚戒指不太传统。1839年她和阿尔伯特亲王订婚时，她的戒指形状是一条蛇，上面镶嵌着祖母绿、红宝石和钻石。1947年菲利普亲王送给伊丽莎白公主（后来的伊丽莎白二世）的订婚戒指是由他亲自设计的，镶嵌在铂金戒指上的钻石与他的家族有着特殊的联系，它们来自他母亲巴滕堡的爱丽丝公主的王冠头饰。

2005年2月，查尔斯王子（2022年9月成为国王查尔斯三世，编者注）和卡米拉·帕克－鲍尔斯订婚时，一件传家宝也出现在婚礼上。这枚铂金艺术装饰戒指的中心镶有一颗五克拉的祖母绿切割钻石，它属于查尔斯王子深爱的外祖母伊丽莎白王后的珠宝收藏，伊丽莎白王后于2002年去世。2005年4月，当查尔斯与卡米拉完婚时，他的母亲伊

2010 年 11 月 16 日，现任剑桥公爵夫人凯瑟琳·米德尔顿在她和威廉王子宣布订婚的那天展示了她的订婚戒指。这枚戒指具有特殊意义，因为它以前属于威廉王子的母亲——威尔士王妃戴安娜。

丽莎白二世说她很高兴得知她的儿子兼王位继承人"最终和他所爱的女人在一起了"。

作为离异人士，康沃尔公爵夫人卡米拉在查尔斯继位后是否会成为王后曾经存在争议。在他们的婚姻中，卡米拉对她的丈夫和婆婆给予了坚定不移的支持，尽最大的努力履行每一项王室职责。2022 年，女王明显表达出对康沃尔公爵夫人的高度尊重。在 2 月 5 日发布的纪念她登基 70 周年的消息中，女王陛下回顾了她的家人给予她的"坚定而充满爱的支持"，并在消息的最后说道："我的儿子查尔斯会在适当的时候成为国王，我知道你们会像支持我一样支持他和他的妻子卡米拉；我诚挚地希望，当那一天来临时，卡米拉会成为王后，继续忠心耿耿地为王室服务"。

来自未来国王的订婚戒指　**211**

索引

A

阿宾顿的埃塞尔沃尔德 18
《阿宾顿编年史》 22—23
阿尔伯顿纪念碑 172—173
阿尔伯特亲王 9、168、171—173、184、201、210
阿尔伯特王子 166、177、186
阿尔弗雷德·埃德尔英 28
阿尔弗雷德大帝 8—9、12—15、17、22、46
阿尔弗雷德珠宝 14—15
阿尔平 30
阿基坦的埃莉诺 53
阿金库尔战役 86—88
阿拉贡的凯瑟琳 9、110—111、122、164
阿莱特·德·法莱斯 38
阿奇博尔德·道格拉斯 112
阿辛隆伯爵夫人爱丽丝 208
阿辛顿战役 24—25
埃德加 18、19、21—22、35、38—39、48
埃德加·埃特林 38
埃德加之窗 18—19
埃德蒙·艾恩赛德 22、25—26、35、38
埃德蒙·都铎 104
埃德蒙·兰利 76
埃德蒙·斯宾塞 124
埃德威格 26
埃德温·鲁琴斯 178
埃格伯特 26
埃里克二世 68
埃塞诺十字架 66
埃塞尔巴德 12
埃塞尔斯坦 16—18
埃塞尔沃夫 12
埃尔夫特里斯 18、21
爱德华·布鲁斯 72
爱德华·西摩 119—120
爱德华八世 10、38、64、108、182—186、194、198
爱德华二世 59、64、66、72—75、137
爱德华六世 114、118—120
爱德华七世 142—143、168、171、174—175、177、182—183、191
爱德华三世 9、64、73—74、76、79、87、90、96、103、138、207
爱德华四世 91、94—96、99、104
爱德华五世 10、38、95—96、98
爱德华一世 9、59—61、63—69、71—72、74、76、112、137—

138、164、204
爱丁堡公爵 192、194、207
安东尼·巴宾顿 116
安东尼奥·韦里奥 148
安吉拉·凯利 168
安妮·博林 111、120、122、124
安妮·海德 144
安妮·麦克劳德 157
安妮·内维尔 98
安妮公主 192
安妮女王 149—152
安斯巴赫的卡罗琳 154
《盎格鲁-撒克逊编年史》 14、17、22、25、32、41
奥尔巴尼公爵弗雷德里克 163、166
奥克雷克·维塔利斯 39
奥利弗·克伦威尔 132、134、137—140、142
奥利弗·金 18
奥斯本庄园 170—171、173
奥斯蒙德主教 93
奥塔尔·斯瓦特 25
奥托一世 17

B

巴滕堡的爱丽丝公主 210
巴斯骑士团 152
白金汉宫 9、42、129、158—160、162、168、173、175、177、181、188、190—195、204
班诺克本战役 72—74
北安普顿的埃尔弗吉福 27
贝克特生平窗 52
比阿特丽斯 168
彼得·保罗·鲁本斯 132
勃艮第的康拉德 17
博思韦尔伯爵 115—116
博斯沃思战役 100、102—104
博因河之战 144—145
不伦瑞克的卡罗琳 160、163
布莱顿皇家阁 160
布莱恩·卡特林 121
布列塔尼公爵 94—95
布鲁瓦的亨利 50

C

查尔斯·罗伯特·莱斯利 169
查理二世 69、96、115、137—140、142、144、158、169、186、190
查理六世 87、90
查理五世 122
查理一世 10、21、66、130—135、

137—138、140、144、146
忏悔者爱德华 27、32—33、36、38、46、63、137—138

D

达恩利勋爵 115—116
大卫·劳合·乔治 64、85
大卫·里齐奥 115
大卫·斯图尔特·厄斯金 71
大卫二世 76、106
大卫一世 35、48—49、60、68、72、106、112
《大宪章》 56—57、59、63
大主教埃尔雷德 39
大主教劳德 132
丹麦的安妮 130
丹麦的乔治 151
丹麦的亚历山德拉 174
道格拉斯·斯特拉坎 34
德廷根战役 154—155、157
邓肯二世 48
邓肯一世 30—31、35
蒂姆·史蒂文斯 98
维多利亚 9—10、66—67、71、125、140、149、152、160、162、165—173、177—178、182—183、186、190、193、197—198、201—202、204、208、210
多萝西娅·乔丹 164
多米尼克·曼奇尼 96

E

E.M.巴里 67
E.O.里菲斯 59

F

法国的玛德琳 112
菲利普二世 120、122
弗兰德的玛蒂尔达 45
弗朗西斯·斯罗克莫顿 201
弗朗西斯·沃尔辛厄姆爵士 116、124
弗朗西斯二世 94—95
弗朗西斯·伯德 151
弗洛登战役 106—107
弗洛拉·麦克唐纳 157
富兰克林·罗斯福 188

G

冈特的约翰 76、79、104
格林尼治女王宫 126—127、130—131
格鲁赫 30

格洛斯特伯爵夫人伊莎贝拉　56
格洛斯特公爵理查　95—96
格洛斯特教堂　74
古瑟鲁姆　12
国王勋章　188
国家朗道　174—175

H

哈罗德·埃德温·博尔顿　157
哈罗德·戈德温　32、38
哈罗德石　36—37
哈罗德二世　36—38
哈罗德一世　27—29
哈莫·克罗夫特爵士　12
哈塔克努特　26—29
海诺的菲利帕　76
汉诺威选帝侯夫人索菲　152
汉普顿宫　108—109、118—119、133、146、148—149、208
荷里路德修道院　48—49
黑便士　166—167
黑王子爱德华　76、207
亨丽埃塔·玛丽亚　131—132、138
亨利·博林布鲁克　79、82、87
亨利·都铎　96、98、100、103—104
亨利·菲茨罗伊　111
亨利·格雷　120、122
亨利·科博尔德　167
亨利·珀西　82
亨利·耶维尔　81
亨利八世　9、18、53、75、90、107—112、114、118—120、122、124、130、164、178、197
亨利二世　42、52—54、56、60、63、80、114、138、164
亨利六世　87—88、90—91、93、94、96、98、100、106、126
亨利七世　10、100、102—104、107—108、120、127、152
亨利三世　9、32、60、62—63、66、74、80、82、116
亨利四世　79、82—84、87、198
《亨利四世》　82、88
亨利五世　82、84、87—88、90
亨利一世　21、35、42、45—47、50
红色邮筒　197
沃利斯·辛普森　10、182、184
皇家旗帜　54、129、132、204—205
皇家指定　206
皇家纹章　54—55、90—91、174
皇家橡树　140—141
皇家濯足节　198—199
惠灵顿公爵　164

J

基涅武甫　26

吉斯的玛丽　112、114
加雷斯·里德　209
加冕圣匙　138—139
加冕椅　137
嘉德骑士　76—77
贾克森主教　134
贾斯汀·韦尔比　99
简·格雷夫人　114、119—120、122
简·西摩　111、118—119
剑桥大学国王学院　90—91
剑桥公爵　10—11、192
金帛盛会　108
金马车　162—163

K

卡那封城堡　59、182
卡斯蒂利亚的埃莉诺　9
凯瑟琳·霍华德　111、120
凯瑟琳·帕尔　111、120、124、178
凯瑟琳·米德尔顿　174、190、210—211
坎特伯雷大教堂　52—53、82—83
坎特伯雷大主教　18、21、25、39、53、63、88、111、119、122、164、168、174
坎特伯雷的邓斯坦　18
康沃尔公爵夫人　11、203、208—209、211
克莱门特五世　72
克里斯托弗·雷恩　93、146、148、151
克利夫斯的安妮　164
克努特　22、25—28
肯尼斯·麦克阿尔平　12
肯尼斯三世　30
肯特公爵　166、169、178
肯特公爵乔治　184
肯辛顿宫　146—148、154、166、178、208

L

拉迪亚德·吉卜林　180
拉姆齐·麦克唐纳　180
兰伯特·西梅尔　104
长者爱德华　17
里奥谢思利手稿　60—61
理查·内维尔　94、98
理查二世　75、79—82、84、87—88、94
理查一世　54—56、60、138、142
理查三世　10、96、98—100、102—103
理查德·福克斯　26
理查德·普德利科特　138
林利思哥宫　112—113
卢埃林·埃普·奥尔沃斯　59
卢埃林·埃普·格鲁福德　59、61
卢埃林大帝　58—59、84

卢拉赫　30、35
鲁弗斯石碑　44—45
鲁珀特王子　133
路易九世　63
路易莎　144
伦敦桥　71、164—165
罗伯特·布鲁斯　68、71—74、76
罗伯特·达德利　124
罗伯特·德·诺布雷　35
罗伯特·斯图亚特　106
罗伯特·维纳　142
罗伯特·沃波尔　152
罗伯特二世　106
罗伯特三世　106
罗德里·莫尔　12
罗杰·莫蒂默　74、76
罗兰·希尔　166
罗纳德·高尔　88
罗斯贝里勋爵　202

M

马尔科姆二世　30
马尔科姆三世　9、35、48
马尔科姆四世　49、60
玛乔丽·布鲁斯　113
玛蒂尔达　35、45—46、50—51
玛蒂尔达王后　46
玛格丽特·都铎　107、112、114—115
玛格丽特公主　31、188、190—191
玛丽·路易丝　198
玛丽·麦卡利斯　209
玛丽二世　146、148、151、207
玛丽王后玩偶屋　179
玛丽亚·菲茨赫伯　160
玛丽一世　114、120、122—124、127、130
麦克白　30—31
《麦克白》　30—31
麦西亚伯爵　25、27
玫瑰窗　104
梅根·马克尔　210
梅克伦堡-斯特雷利茨的夏洛特　158
命运之石　30、68—69、137
《末日审判书》　40—41
墨尔本勋爵　81、169

N

纳瓦拉的贝伦加利亚　54
纳瓦拉的琼　82
内尔·格温　144
尼古拉斯·希利亚德　124—125
尼古拉二世　177
牛津城堡　50—51
挪威少女玛格丽特　61
诺曼·哈特内尔　194
诺曼底的艾玛　27—28、32

索引　213

诺曼底公爵　36、38
诺森四世　35
诺思勋爵　158

O

欧文·埃普·格鲁福德　59
欧文·格伦道尔　82、84—85

P

皮尔斯·加维斯顿　74
珀金·沃贝克　107

Q

乔瓦尼·奇普里亚尼　162
乔治·布坎南　129
乔治·吉尔伯特·斯科特　18、172
乔治二世　149、153—158、190
乔治六世　10、31、162、178、181、184、186—192、194、198、202
乔治三世　9—10、153、157—160、162—164、166、169、190
乔治四世　80、143、158、160、162—164、166、175
乔治五世　142—143、152、173、177—178、180—183、186、198
乔治一世　146—147、152—154、157

S

萨克森-科堡-萨尔菲尔德的维多利亚　166
萨克森-迈宁根的阿德莱德　164
塞缪尔·巴特勒　162
塞缪尔·佩皮斯　134
塞斯·沃德　93
萨拉·詹宁斯　151
圣爱德华王冠　142—143、186、197
圣殿骑士　62—63
圣女贞德　90
圣乔治的詹姆斯　64
斯蒂尔·兰顿　63
《斯凯岛船歌》　156—157
斯坦利勋爵　103
斯万　22、26
苏格兰女王玛丽　113—114、116—117、119、201
苏格兰王冠　114—115、197
苏塞克斯公爵　169
索尔兹伯里大教堂　56、92—93

T

唐纳德·班　48
唐纳德·贝恩　30
托马斯·克兰麦　119、122
托马斯·库比特　171
托马斯·温特沃斯　132
托马斯·沃尔西　108
托马斯·贝克特　52—53、164

W

瓦特·泰勒　79
王冠　8、10、26、39、75、82、88、102—103、114—115、122、126、129、132、142—143、151、162、174、186、189、197、201、204、210
威尔士亲王查尔斯　141、208
威尔士亲王弗雷德里克　154、157
威尔士亲王乔治　153、160
威尔士王妃戴安娜　204、211
威廉·伯德　124
威廉·华莱士　71—72、164
威廉·肯特　146—147、154
威廉·兰伯顿　72
威廉·鲁斯文　129
威廉·钱伯斯　162
威廉·塞西尔　124
威廉·莎士比亚　30、82、87—88、100—101、124
威廉二世　26、44—46、80、175、177
威廉三世　142、146—149、151、207
威廉四世　142、162、164—166
威廉王子　10—11、155、157、163—164、166、168—169、174、190、192—193、210—211
威廉一世（苏格兰）　9、60
威廉一世（英格兰）　21、36、38—39、41—42、45
威廉·马歇尔　63
威塞克斯　26
威塞克斯伯爵戈德温　28、32、36
威塞克斯伯爵和伯爵夫人　11
威塞克斯的玛格丽特　9、35
威斯敏斯特大厅　71、80—81、94、134、137、139
威斯敏斯特教堂　32—33、38、63、67、74、94、96、104、127、129、137—138、142、152、158、162—163、174、177、186—187、199
维多利亚公主　166、168—169、190
维多利亚女王　9—10、149、160、162、166—173、182—183、186、190、193、197—198、201—202、204、208、210
温彻斯特大教堂　14、26—27
温莎城堡　42、56、77、129、134、159—160、166、168、172、178、184—185、195、204
温斯顿·丘吉尔　150、190—191
沃尔特·吉尔贝　174
沃尔特·斯图亚特　106、113
沃尔特·泰瑞尔爵士　45

X

西班牙无敌舰队　126—127
西蒙·德·蒙特福特　63
西沃德伯爵　35
小威廉·皮特　158
休·勒·德斯彭瑟　74
休·赫兰德　81
殉道者爱德华　21—22

Y

亚历山大二世　54、60
亚历山大三世　52、60—61、68
亚历山大一世　48
宴会厅　130、132—135、208
伊丽莎白·布朗特　111
伊丽莎白·伍德维尔　94、96
伊丽莎白二世　8—11、42、48、54—55、154、162、165、168—169、171、181—182、190—192、194—195、197—208、210
伊丽莎白女王　104、124、126
伊丽莎白一世　9、18、21、114—116、124—127、129—130、132、166、201
伊尼戈·琼斯　130
伊莎贝尔·内维尔　96
伊莎贝拉　56、74、76
英国国旗　129、204—205
英国皇家造币厂　28、123
约翰·班克斯爵士　21
约翰·达德利　119—120
约翰·德·瓦伦　71
约翰·卡伯特　126
约翰·梅洛　15
约翰·纳什　160
约翰·斯图亚特　106、112
约翰国王　56、59—60、63、138
约克的奥斯瓦尔德　18
约克的伊丽莎白　98、104
约克公爵理查　90、94—96、98

Z

詹姆斯·道格拉斯爵士　73
詹姆斯·赫本　115
詹姆斯·怀亚特　93
詹姆斯·斯图亚特　115、152
詹姆斯二世　106、144—146、148、152、157
詹姆斯六世　8—10、112、116、129—130、204
詹姆斯七世　144
詹姆斯三世　107
詹姆斯四世　48、106—107、112、114
詹姆斯五世　112—114
詹姆斯一世　8—10、88、106、112、124、129—133、151—152

英国历代统治者索引

盎格鲁－撒克逊人
阿尔弗雷德大帝　8—9、12—15、17、22、46
埃塞尔斯坦　16—18
埃德加　18、19、21—22、35、38—39、48
殉道者爱德华　21—22
埃塞尔雷德二世　22、25、27—28、32
埃德蒙·艾恩赛德　22、25—26、35、38
克努特　22、25—28
哈罗德一世　27—29
哈塔克努特　26—29
忏悔者爱德华　27、32—33、36、38、46、63、137—138
哈罗德二世　36—38

诺曼底人
征服者威廉　35—36、38、41—42、50
威廉二世　26、44—46、80、175、177
亨利一世　21、35、45—47、50
斯蒂芬　50、63

金雀花王朝
亨利二世　42、52—54、56、60、63、80、114、138、164
理查一世　54—56、60、138、142
约翰　56、59—60、63
亨利三世　9、32、60、62—63、66、74、80、82、116
爱德华一世　9、59—61、63—69、71—72、74、76、112、137—138、164、204
爱德华二世　59、64、66、72—75、137
爱德华三世　9、64、73—74、76、79、82、87、90、96、103、138、207
理查二世　75、79—82、84、87—88、94
亨利四世　79、82—84、87、198
亨利五世　82、84、87—88、90
亨利六世　87—88、90—91、93—94、96、98、100、106、126
爱德华四世　91、94—96、99、104
爱德华五世　10、38、95—96、98
理查三世　10、96、98—100、102—103

都铎王朝
亨利七世　10、100、102—104、107—108、120、127、152
亨利八世　9、18、53、75、90、107—112、114、118—120、122、124、130、164、178、197
爱德华六世　114、118—120
简·格雷夫人　114、119—120、122
玛丽一世　114、120、122—124、127、130
伊丽莎白一世　9、18、21、114—116、124—127、129—130、132、166、201

苏格兰的统治者
麦克白　30—31
马尔科姆三世　9、35、48
大卫一世　35、48—49、60、68、72、106、112
亚历山大三世　52、60—61、68
约翰·巴里奥　68—69、71
威廉·华莱士　71—72、164
罗伯特·布鲁斯　68、71—74、76
詹姆斯四世　48、106—107、112、114
詹姆斯五世　112—114
苏格兰女王玛丽　113—114、116—117、119、201

威尔士王子
卢埃林大帝　58—59、84
欧文·格伦道尔　82、84—85

斯图亚特王室
詹姆斯一世　88、124、129—133、151—152
查理一世　10、21、66、130—135、137—138、140、144、146
查理二世　69、96、115、137、140—142、144、158、169、186、190
詹姆斯二世　106、144—146、148、152、157

橙色之屋
威廉三世和玛丽二世　146、148、207
安妮　149—152

英联邦
奥利弗·克伦威尔　132、134、137—140、142

汉诺威王朝
乔治一世　146—147、152—154、157
乔治二世　149、153—158、190
乔治三世　9—10、153、157—160、162—164、166、169、190
乔治四世　80、143、158、160、162—164、166、175
威廉四世　142、162、164—166

萨克森－科堡－哥达之家
维多利亚女王　9—10、149、160、162、166—173、182—183、186、190、193、197—198、201—202、204、208、210
爱德华七世　142—143、168、171、174—175、177、182—183、191

温莎王室
乔治五世　142—143、152、173、177—178、180—183、186、198
爱德华八世　10、38、64、108、182—186、194、198
乔治六世　10、31、162、178、181、184、186—192、194、198、202
伊丽莎白二世　8—11、42、48、54—55、154、162、165、168—169、171、181—182、190—192、194—195、197—208、210
查尔斯三世（或查理三世）　11、207—210
威廉王子　10—11、168—169、174、182、190、192—193、210—211

鸣谢

除第 193 页外,所有照片均由 Alamy(PA Images)提供

参考书目

感谢以下出版物,本书中的一些文本是基于这些出版物:

The Pitkin History of Britain: Kings & Queens(written by Brenda and Brian William; published by Pitkin Publishing)

The Pitkin Guide to Britain's Kings & Queens(from an original text by Michael St John Parker, revised by Brenda and Brian Williams; published by Pitkin Publishing)

Scotland's Kings & Queens(from an original text by Alan Bold, revised by John McIlwain; published by Pitkin Publishing)